¡Sssssshhhhhhhhhh!

Haz del teatro algo íntimo

Llévalo siempre en el bolsillo

Cubierta y diseño editorial: Éride, Diseño Gráfico
Dirección editorial: ángel jiménez

Primera edición: diciembre, 2025

no me dejes así
© Adelardo Méndez
© VdB, 2025
Espronceda, 5
28003 Madrid

VdB®

ISBN: 979-13-87644-61-1
Depósito Legal: M-27635-2025
Diseño y preimpresión: Éride, Diseño Gráfico

Cualquier forma de reproducción, distribución, comunicación pública o transformación de esta obra solo puede ser realizada con la autorización de sus titulares, salvo excepción prevista por la ley. Diríjase a CEDRO (Centro Español de Derechos Reprográficos, www.cedro.org) si necesita fotocopiar o escanear algún fragmento de esta obra.

Cualquier representación pública de esta obra debe ser autorizada por el autor. La autorización puede ser tramitada a través de la Sociedad General de Autores y Editores (SGAE).

Todos los derechos reservados.

VdB® es una marca registrada de Éride, S.L.

Este libro protege el entorno

no me dejes así
(ecos de un pasado incierto)

Adelardo Méndez Moya
(Barcelona, 1965)

Dramaturgo, actor y estudioso del teatro, ha dirigido el Ciclo de Lecturas del Teatro Español de Hoy (Universidad de Málaga) y Voces a Escena (ciclos de conferencias, lecturas y encuentros de Diputación de Málaga). Es coordinador del Seminario Internacional de Estudios Teatrales de Albolote (Granada).

Ha impartido numerosos cursos de escritura de teatro, cine y televisión en diversas universidades e instituciones dentro y fuera de España.

De su su extensa obra teatral cabe mencionar, entre otros, títulos como *La muerte nuestra de cada día*, *Como no haya sido la calor...*, *Trasnocha2*, *Retal·les* (*Pulgas teatrales*), *Perros de la ciudad*, *El gato en las alcantarillas*, *El dueño de la mirada*, *A perro flaco...*(*Pulgas teatrales*) y *No me dejes así*.

Destacan sus estudios sobre importantes autores del teatro español actual: Antonio Buero Vallejo, José Martín Recuerda, José María Rodríguez Méndez, Lauro Olmo, Josep M. Benet y Jornet, Antonio Martínez Ballesteros, José Moreno Arenas, Alfonso Zurro, López Mozo, Antonio Miguel Morales y un largo etcétera.

Crea, realiza y es la cara visible del canal de YouTube «Retrologando», cuyo contenido —del que es responsable— abarca el teatro, los cómics, la televisión, la narrativa de género y el cine.

ADELARDO MÉNDEZ MOYA

no me dejes así
(ecos de un pasado incierto)

A Manolo Martínez Mediero,
muy querido amigo y excepcional autor,
que se nos anticipó en tantas cosas a tantos,
a quien espero que le divierta
esta barrabasada lumpen.
Con el fraternal cariño de siempre
y mi gratitud incondicional.

Personajes

Orbegozo

Rebolledo

Presentador

Introducción[1].

PRESENTADOR Buenas noches, señoras y señores. Nos hemos reunido hoy y aquí para compartir una experiencia extemporánea. Disfrutaremos o padeceremos, eso según el talante de cada cual, pero sin faltar a la atención de la normativa 457 bis-barra 3.489, relativa a pensamientos y sentimientos públicos y privados, emitida por el Ministerio del Interior para Seres Dotados de Libre Albedrío (MISDLA). Precisada esta condición, entramos de lleno en el asunto, si les parece bien, que si no, luego se hace tardísimo.

Vamos a retroceder en el tiempo, nada menos que casi diez siglos. Para ello, no precisaremos de la ayuda de ningún sistema o aparato simulador. No. Avanzado el siglo XXX, tenemos la infrecuente oportunidad, incluso el privilegio, me atrevería a decir, de asisitir a una muestra auténtica de cómo fue la vida mil años atrás. ¿Cómo puede ser? Veámoslo.

---

(1) El personaje del narrador se puede hacer con voz en off e ilustrar sus palabras con imágenes relativas a lo que dice, o bien puede estar –como se dice ahora—de modo presencial. Creo que la introducción me ha quedado larga, pero no me parece innecesaria de ninguna manera, en tanto contextualiza de forma ficcional todo lo que seguirá.

Hace unos treinta y dos meses, aproximadamente, se produjo un hallazgo sorprendente, de resultados y consecuencias aún desconocidos, habida cuenta de lo inopinado del caso. Como es probable que recuerden, cuatro años atrás cayó derruido –sin más causa que su propia obsolescencia– un edificio de viviendas en la zona del extrarradio de nuestra capital, conocida como "El marco". Un edifico de sesenta y cuatro viviendas, a la sazón, en aquel momento, todas ocupadas, pues el suceso acaeció a las tres de la madrugada. Edificio viejo, materiales de dudosa calidad... ¡BUM! Nada nuevo bajo el sol... Dejando a un lado el carácter trágico del incidente –relativo, pues los fallecidos, en su inmensa mayoría eran inmigrantes ilegales, desempleados y pensionistas–, el asunto parecía no ofrecer nada de particular... ¡Parecía!

Al examinar el terreno, con vistas a erigir una nueva y más moderna construcción, los operarios toparon con algo inesperado: una especie de edificación subterránea. Bajo los cimientos del bloque recién caído hallaron algo así como un sótano o búnker de dimensiones considerables. Las autoridades, siempre atentas y prestas ante cualquier contingencia, mandaron a un equipo a investigar en qué consistía con precisión el descubrimiento y la magnitud de su importancia. Tras los papeleos y trámites obligados, en un añito, o poco más, el equipo pudo acceder al socavón encontrado de manera tan espontánea.

Pasaron algunas semanas trabajando sobre el terreno y dieron con poco o nada relevante... Al parecer, ese lugar procede de finales del siglo XX o principios del XXI. Es de un material muy similar a nuestro hormigón de titanio y, según las averiguaciones, se trataba de un edificio exterior. Se desconoce cómo llegó a quedar sepultado bajo toneladas de tierra, piedras y escombros, así como su funcionalidad concreta, ya que parecía que apenas se conservaban las paredes, el suelo y parte del techo... ¡Parecía!

En un momento cualquiera de un día como cualquier otro (miércoles, creo recordar), la doctora Fidela Cantarrana, encargada del rastreo de posibles indicios de algún interés, presa de la depresión ante lo inútil de sus esfuerzos, arrojó su bolso a tierra... No sabemos cuánta energía empleó en ello ni lo que contenía el bolso de marras, pero éste, en su caída, produjo un agujero considerable. Tras la sorpresa inicial, la doctora Cantarrana quiso, con toda razón, recuperar sus cosas y, al ampliar la recién creada abertura con intención de poder hacerlo, accedió a lo que hasta entonces había permanecido oculto: bajo el piso existía una especie de pequeño almacén, donde apenas quedaba nada... A excepción de un cajón metálico de regulares dimensiones. Se tomaron las debidas precauciones y se procedió a abrir el cofre. No se percibieron escapes de gases ni nada digno de preocupación, de suerte que, sin más, pasaron a examinar su contenido.

La gaveta, por desgracia, carecía de hermetismo, consecuencia de lo cual gran parte de lo que allí se encontraba depositado no había resistido el paso del tiempo y restaba tan solo en forma de polvo. Mas algunos objetos, de forma inexplicable, sobrevivieron en estado más o menos aceptable. La mayoría todavía está en vías de exploración y se desconoce qué es cada cosa y su posible utilidad. Pero también, en ese arcón de metal, descubrieron una especie de dossier o similar, consistente en unas fotografías en papel y una serie de discos, muy rudimentarios, horrendamente grandes y de escaso rendimiento. Discos como éste (*Muestra un CD normal y corriente*). Discos de un material semejante al plástico alimenticio actual, y con números garabateados en uno de los lados.

Gracias al avance de nuestras técnicas y al talento de nuestros científicos, se ha podido acceder a parte de sus contenidos. Por desgracia, muchos discos están deteriorados sin remedio ni solución. Algunos están destrozados. Otros parecen haberse extraviado, de acuerdo con la numeración. Incluso aquellos que se mantienen más aceptables han perdido parte de su información... Pero se conserva cierta cantidad de material que ofrece indudable interés.

De acuerdo con lo rescatado y restaurado, el informe se ocupaba de dos individuos humanos, de género masculino. Desconocemos las causas y los motivos que debían justificar la elaboración del dossier, pero ahí está, o lo que queda de él.

Se trata de dos sujetos nada notables, del todo corrientes y vulgares. Sus tendencias, impulsos, estímulos y reacciones, aun limitadas y externas –parece, por desgracia, que todavía no se había inventado el transmisor de pensamiento—, prueban que la vida, en aquel entonces, y nos retrotraemos a los albores, casi, de la humanidad como la conocemos hoy en día, ya mostraba acciones comunes en esencia al presente, si bien sometidas al arcaísmo e incivilización propios y lógicos de su coeternidad. Por supuesto, nos distancian hasta cerca del infinito sus desmedidas pasiones, la violencia potencial o activa, la comunicación hablada constante o la proximidad y el contacto físicos, por referir algunos ejemplos.

Algunos de sus actos nos resultan incomprensibles. Sus actuaciones, así como lo que expresan de forma verbal, en no pocos casos escapan a toda posibilidad de entendimiento e intelección. No hay material audiovisual sobre esa época tan remota y, por lo tanto, no podemos más que esbozar teorías o hipótesis, imposibles de demostrar, y, por lo tanto, inútiles.

Los discos nos presentan algo que podríamos denominar periplo biográfico de los dos tipos observados. Estamos ante una reliquia de enorme interés, en tanto que resulta la única auténtica y veraz demostración de cómo vivían nuestros antepasados. Ignoramos cuánto tiempo abarca la documentación que poseemos, pues no indica fechas, y desconocemos si poseían las técnicas de la inmutabilidad temporal. Tampoco sabemos con total certeza dónde transcurren las acciones, aunque no parece descabello suponer que acaecieron aquí mismo, lugar del hallazgo, amén del idioma empleado... Si bien eso se superó allá por el siglo treinta y dos, disponemos de datos razonablemente fiables para afirmar que los humanos de entonces se expresaban en una sola lengua, por lo general, cada cual en dependencia de su hábitat geográfico socio-cultural, sin desestimar excepciones de bilingüismo, incluso poliglotismo, no frecuentes.

Así, el informe debió consistir en una narración de la existencia común de los dos sujetos de estudio. El fatalismo, como se ha indicado, nos ha negado la integridad del material. Lo que se conserva resulta una sucesión de breves fragmentos, más aislados o más consecutivos, más inconexos o más relacionados entre sí, de diferentes extensiones y distintas calidades que conformaron el conjunto de su totalidad. No obstante, lo que permanece puede seguirse sin dificultad, además de mostrarnos el inicio de la relación y su posible desenlace conclusivo. Y esto, todo lo que ha quedado, es lo que les vamos a ofrecer a continuación.

Llegados a este punto, debemos advertirles que los actos, expresiones orales y conducta de los sujetos de estudio pueden y, con toda probabilidad, deben considerarse, con mucha frecuencia, no sólo políticamente incorrectos, sino aberrantes e incluso delictivos. Aún así, habida cuenta del interés del documento y en aras de una comprensión global, tras arduos, encendidos y extensos debates, se ha decidido, con carácter del todo excepcional, prescindir de la censura, tan aconsejable y necesaria en multitud de ocasiones, y ofrecer, dentro de la precariedad de lo rescatado, la totalidad del material existente.

Insisto en recordar su ubicación temporal hacia finales del siglo XX o inicios del XXI. El material ha sido restaurado hasta el grado óptimo posible y se ha adaptado a nuestro sistema de proyección "Total Reallity" (marca registrada) para que podamos ver y escuchar y casi, porque no, integrarnos en ese modo de vida que nada hace sospechar que no fuera el común de los humanos de la época.

Por último, antes de pasar al material en sí, advertirles que, en ciertos momentos, aparecen objetos, palabras, conceptos, referencias, conductas e ideas desconocidos, olvidados o muy arcaicos. Todo ello perfectamente lógico, que no impide seguir el hilo, aun interrumpido, de los acontecimientos y mucho menos aconseja privarnos de su observación como el material divulgativo que es.

Y sin más, paso a presentarles a nuestros individuos. Los escasos conocimientos que poseemos sobre ellos proceden de los restos de papel o similar hallados junto a los discos.

El individuo A (*Proyección en foro de fotografías del sujeto: la típica de fotomatón; otra clásica, de frente y de perfil, de ingreso carcelario, sosteniendo número; en una atracción recreativa tipo montaña rusa; etc.*) respondía al nombre de Tristán Orbegozo Valdivia. Su nombre figura en una ficha, asociado a un número de siete cifras de sentido desconocido. Y nada más. Por simplicidad, y porque así lo hacen entre ellos al hablar, le denominamos Orbegozo.

Por su parte, el sujeto B (*Mismas fotos, o parecidas, a las del anterior, en foro.*) se llamaba Lorenzo Rebolledo Gómez, y cuanto sabemos sobre él se limita a lo mismo del anterior. Por sentido natural, junto a lo antedicho, nos referiremos a él como Rebolledo.

¡Ah! Que no me olvide... Si alguien no ha desconectado aún su IPhone o móvil, que lo haga ahora. Su sonido e iluminación provoca interferencias en la proyección y puede desencadenar consecuencias inesperadas.

Queden, pues, con Orbegozo y Rebolledo y sus retazos de biografía compartida. Gracias.

(Música.)

Oscuro.

Disco 01

ORBEGOZO hace su entrada por un lateral. Bajo la chaqueta oculta algo. Por el lado opuesto entra REBOLLEDO, que también esconde algo bajo un periódico que le tapa la mano derecha. Se descubren mutuamente y se detienen a una distancia corta.

ORBEGOZO ¿Qué haces aquí?

REBOLLEDO ¿Y tú?

ORBEGOZO ¿A ti qué te parece? Currar.

REBOLLEDO Yo igual.

ORBEGOZO ¿Aquí?

REBOLLEDO ¿Por qué no?

ORBEGOZO Es que... Yo suelo trabajarme esta zona...

---

(2) Si se quiere, en foro se puede proyectar el número del disco correspondiente, con intención de que el espectador tenga noticia cabal de la evolución temporal, los saltos de continuidad, etc.

REBOLLEDO No veo ningún cartel que diga que te pertenece.

ORBEGOZO No, pero...

REBOLLEDO El mismo derecho tengo yo que tú.

ORBEGOZO Bueno, sí... Pero no...

REBOLLEDO He oído que se da bien...

ORBEGOZO (*Descubre lo que ocultaba, que resulta ser una pistola. Apunta a* REBOLLEDO.) Ya te estás largando...

REBOLLEDO (*Se deshace con un gesto del periódico. Sorpresa, sorpresa: lleva otra pistola, con la que encañona a* ORBEGOZO.) Lo veo difícil...

ORBEGOZO ¿A que te descerrajo un tiro...?

REBOLLEDO Si quieres arriesgarte a ver quién es más rápido...

(*Se observan inmóviles, duros, durante unos segundos.*)

ORBEGOZO ¿Merece la pena?

REBOLLEDO No sé qué decirte...

ORBEGOZO Hablemos. Baja la pipa.

REBOLLEDO Tú primero.

(*Ninguno se decide a hacerlo.*)

ORBEGOZO Mira que es grande la ciudad, y que hay sitios…

REBOLLEDO Pues ya ves…

ORBEGOZO Yo llevo operando aquí seis años… Desde que se me acabó el paro…

REBOLLEDO Ya es hora de dar el relevo a alguien…

ORBEGOZO A ti, ¿no?

REBOLLEDO Por ejemplo.

ORBEGOZO Anda, baja la herramienta…

REBOLLEDO No, primero hazlo tú…

ORBEGOZO No es mal sitio… Tranquilo… La pasma casi no molesta…

REBOLLEDO Eso parece.

ORBEGOZO Y hay bastante tráfico de panolis…

REBOLLEDO Mejor.

ORBEGOZO ¿Sabes qué pienso? Si nos ponemos de acuerdo, podíamos trabajar los dos…

REBOLLEDO ¿Juntos? Nanai. Yo trabajo solo.

ORBEGOZO No, pero podríamos... Yo que sé...

REBOLLEDO Venir uno al mediodía y otro por la noche...

ORBEGOZO Mira, sí... No me parece mal...

REBOLLEDO Ponemos turnos... Lunes miércoles y viernes, uno por la tarde y el otro de noche. Martes, jueves y sábados, cambiamos.

ORBEGOZO ¿Y los domingos?

REBOLLEDO Se descansa.

(Ambos ríen.)

ORBEGOZO No está mal discurrido del todo...

REBOLLEDO ¿Por aquí pasa ganao para mantenernos a los dos?

ORBEGOZO ¡Ya lo creo! Por aquí vive gente de pasta... Hay días que a las ocho ya me retiro con el jornal cobrado...

REBOLLEDO Coño, qué bien.

ORBEGOZO Pero, venga... No me apuntes más... Si estamos de acuerdo...

REBOLLEDO Las bajamos a la vez.

ORBEGOZO Vale.

REBOLLEDO A la de tres… Una… Dos… y…

De forma simultánea, con rapidez, cada uno apunta al otro y dispara. En el instante de la doble detonación se hace el

Oscuro.

Disco 06

ORBEGOZO *y* REBOLLEDO *acceden a escena desde un lateral.* REBOLLEDO *fuma un cigarrillo.*

ORBEGOZO Oye, Rebolledo… ¿Tú por qué fumas?

REBOLLEDO Pues porque me gusta.

ORBEGOZO Ah. Sí, sí, sí. Muy bien.

(*Pausa.*)

REBOLLEDO ¿Qué?

ORBEGOZO ¿Qué de qué?

REBOLLEDO No sé…

ORBEGOZO Es que… Eso de fumar es malo malísimo.

REBOLLEDO No me digas.

ORBEGOZO Te digo, te digo… Te jode la garganta, los pulmones… Aparte del pestazo que echa… Vaya, un asco.

REBOLLEDO No me toques los huevos, anda.

ORBEGOZO ¡Qué coño de tocar! Lo que pasa es que no estás concienciado, pero ya vendrán las consecuencias, ya vendrán...

REBOLLEDO Madre mía...

ORBEGOZO Sí. El cáncer... El infarto... La respiración con un bote de oxígeno y un tubito de goma en la napia... La pitopausia...

REBOLLEDO Pero vamos a ver..., ¿a ti qué te pasa?

ORBEGOZO ¿A mí? ¡Qué te pasa a ti! Todo el día, dale que te pego al fumeque...

REBOLLEDO Mira, macho... Para empezar, ¿a ti qué más te da si yo fumo o dejo de fumar?

ORBEGOZO Bueno... También respiro el aire asqueroso ese... Fumador pasivo, lo llaman.

REBOLLEDO El tabaco es un placer. Que es malo, ya lo sabemos, pero compensa. La sensación que deja, la tranquilidad... (*Honda inspiración. Suelta el humo con deleite.*) No veas, qué bueno... Hasta la pose que marca uno queda mejor con el cigarrillo.

ORBEGOZO ¿La pose? Los cojones treinta y tres.

REBOLLEDO Desde que trajeron el tabaco de las Américas, hace muuucho, ha sido un bien preciado, atesorado y consumido con y por placer.

Lo que pasa es que los adocenados esos, los políticamente correctos, ahora vienen con esa cantinela contra el fumar.

ORBEGOZO Hombre... Perjudicar, perjudica...

REBOLLEDO ¡Coño! Y las radiaciones de los móviles, los ordenatas y los microondas... Y el humo de los coches... Y los plásticos y las latas... Y el petróleo...

ORBEGOZO Sí... Puede ser...

REBOLLEDO Puede ser y es. Pero como eso no conviene denunciarlo... Es que, como decía el bueno del Makinavaja, nos quieren quitar todo lo bueno... Y tenernos asustados, de paso. El miedo. Buscan sembrar el miedo para quitarnos las cosas buenas de la vida. El beber por las cogorzas, el comer por el colesterol, el fumar por el cáncer, el follar por el sida... Esta sociedad represiva y reprimida nos quiere acojonar y alienar, para hacernos asépticos y no disfrutar la vida.

ORBEGOZO (*Tras pausa.*) Te ha quedado un discursillo muy bonito.

REBOLLEDO Pues es así. ¿Es que la gente no se muere de nada que no venga del tabaco? ¡Venga ya a cagar a la playa, joder!

ORBEGOZO En verdad que tiene mala prensa...

REBOLLEDO Palman más de accidentes de coche, o de las casas... Y no digamos de los trabajos...

ORBEGOZO El estrés.

REBOLLEDO Pues nada... Parece que los fumadores tengamos que pagar el pato de todo.

ORBEGOZO Pero es que parte de razón tienen... Mira las fotitos esas que ponen en los paquetes de tabaco...

REBOLLEDO Otra capullada. Hay que joderse con la ideíta... El paquete te lo ponen para que lo compres, ¿no?... Pero con esas mierdas asquerosas pegadas... Para que te entre grima de fumar... Encima de puta, a poner la cama.

ORBEGOZO Bueno, pero...

REBOLLEDO ¡Que no! Y prohíben la publicidad y tal...

ORBEGOZO Para que nadie empiece, y para que sea menos vistoso fumar. Así el personal se va quitando...

REBOLLEDO Mira, Orbegozo... Si nadie fumara, a ver de dónde iban a sacar los millones que cogen de los impuestos del tabaco... Miles de millones... Y que los dedican a todo... Investigación, sanidad, tecnología... Pues de todo eso, no verían un real.

ORBEGOZO Eso sí.

REBOLLEDO Te pongo un ejemplo… El juego... Eso sí que es más nocivo que una lechuga de Chernobil. Viejos que se pulen la pensión en tragaperras y bingos en tres días y luego, a comer mortadela todo el mes… Si es que les queda algo.

ORBEGOZO Ya pasa…

REBOLLEDO Y las apuestas o partidas gordas, de pasta gansa… Montones de desahuciados hay por no poder pagar las deudas… Familias destrozadas, porque se roba lo de la casa para jugar.

ORBEGOZO Lo sé, lo sé.

REBOLLEDO Y eso sin contar con que si no pagas, te pueden partir las piernas o matar a tu novia, mujer o hijos… Una mafia y una monstruosidad es el juego.

ORBEGOZO Visto así…

REBOLLEDO Pues ahí tienes las apuestas… Por la tele, en los periódicos, en todas partes… Todo el santo día dando por culo… Y que lo ponen tan fácil y atractivo que hasta un crío con el móvil puede jugar… Y es un pozo sin fondo que cada vez pide más, y más…

ORBEGOZO Llevas razón.

REBOLLEDO Ah, pero ahí nadie se mete.

ORBEGOZO Al revés. Lo promocionan.

REBOLLEDO Y el pobre pitillo... Que si prohibido en bares y sitios de alterne... Que si fotitos asquerosas en las cajetillas... Que si un quinientos por cien de impuestos... Por eso es mejor el de contrabando. Te sale más barato, lo pillas cuando quieres, y no tienes que soportar las porquerías esas de las vísceras enfermas retratadas.

ORBEGOZO Si todo el mundo comprara el de contrabando, pasaría lo que has dicho antes de los impuestos...

REBOLLEDO Pues que se jodan y lo saquen de las apuestas. Que los futbolistas cobran ya como banqueros, o más.

(*Pausa.*)

ORBEGOZO Oye... Tú... También te pasas la vida apostando, ¿no?

REBOLLEDO Tanto como pasarme la vida, no. Algo juego... Poca cosa.

ORBEGOZO Ya.

REBOLLEDO Además, que ese no es el tema. Y punto.

ORBEGOZO Vale. No te alteres. (*Pausa.*) Ese tabaco que llevas… De contrabando, ¿no?

REBOLLEDO Claro.

ORBEGOZO Pues dame uno, anda, que me has metido las ganas en el cuerpo.

REBOLLEDO (*Le da el cigarrillo.*) Toma… Pero no te acostumbres.

ORBEGOZO ¿Qué no me acostumbre a fumar?

REBOLLEDO Eso, allá tú. Por mí, puedes hacer lo que te salga de los cojones… Digo, a pedir tabaco. Que aunque valga menos que el del estanco, cuesta caro.

(*Le da fuego.*)

Oscuro.

Disco 09

ORBEGOZO *arrastra a* REBOLLEDO *por el brazo. Lo aleja de algo que no vemos y que está en un lateral.*

ORBEGOZO Déjalo ya…

REBOLLEDO ¡Ya está dejado, leche!

ORBEGOZO Las ganas de buscarte una ruina por decirle cuatro cosas a una chavala…

REBOLLEDO Una chavala que está de muerte…

ORBEGOZO Pse… No está mal.

REBOLLEDO ¿No está mal? ¿Tú estás zumbado?

ORBEGOZO No, de zumbado nada. Está bien… Pero tampoco para tirar cohetes.

REBOLLEDO Nos ha jodido. Entonces, si una de veinte añitos como esa, con ese cuerpo, no está para tirar cohetes… ¿Quién lo está? ¿La Schiffer?

ORBEGOZO No estás tú pasado… La Schiffer… (*Pausa.*) Ay… Mari Pili…

REBOLLEDO ¿Mari Pili? ¿Quién es Mari Pili?

ORBEGOZO Fue. Mari Pili fue… El amor de mi vida.

REBOLLEDO Pues tiene nombre de anuncio de hamburguesería…

ORBEGOZO ¿Sabes? Mari Pili fue lo mejor que me ha pasado en la vida.

REBOLLEDO No sabes cuánto me alegro.

ORBEGOZO Era una estríper… Annie, se hacía llamar, como nombre artístico…

REBOLLEDO Anda, coño…

ORBEGOZO Muy maja. Preciosa… Graciosa, divertida… ¡Inteligente que no veas!

REBOLLEDO Por eso se dedicaba a despelotarse, ¿no?

ORBEGOZO No, listo… Era doctora en filosofía. Pero no encontraba curro en lo suyo… Le ofrecieron eso…

REBOLLEDO Y tú le pagaste por una sesión de mete-saca…

ORBEGOZO ¡Qué gracioso!

REBOLLEDO Yo, siempre.

ORBEGOZO Pues tienes la gracia en el culo, que lo sepas.

REBOLLEDO Vaya.

ORBEGOZO Mari Pili estaba muy bien hecha. Y le pagaban por lucirse. Ella enseñaba las tetas, el potorro... Pero no hacía nada de nada.

REBOLLEDO O eso te diría a ti...

ORBEGOZO Ni tocaba a nadie ni follaba con ninguno...

REBOLLEDO Una santa.

ORBEGOZO El caso es que un día estaba yo por el centro y entré en un bar... No sé si era barra americana, puticlub o qué...

REBOLLEDO Lo que decía...

ORBEGOZO A mí me van regular esos sitios, porque donde se ponga una buena casa de putas... Pero de vez en cuando... Total, que llego y estaba ella... Preciosa... En la tarima, parece que la estoy viendo... Con los pechos al aire... Al lado de un poste de metal de esos...

REBOLLEDO Sí, sí.

ORBEGOZO Y un capullo dándole el coñazo. Y venga, y toma, y dale... La chiquilla hacía cara de asustada...

REBOLLEDO No sé yo...

ORBEGOZO Mari Pili, porque esa era Mari Pili, se fue del escenario, y el tío plasta la siguió. Yo me olí algo y me fui detrás suyo…

REBOLLEDO ¿Y?

ORBEGOZO Pues nada… La tenía agarrada del pescuezo, obligándola a no sé qué. Trinqué una botella que había por allí y se la estrellé en la cabeza al cabrón. ¿Te ha hecho algo?, le pregunté a la muchacha. No, gracias a usted, me dijo.

REBOLLEDO Y os lo montasteis en aquel mismo sitio…

ORBEGOZO Que noooo… O me dejas hablar o no te cuento nada.

REBOLLEDO Sigue, sigue.

ORBEGOZO La invité a una copa en otro lado. Esperé a que se cambiara y tal, y nos marchamos. Tomamos un par de cubatas y la acompañé a su casa.

REBOLLEDO Todo un caballero.

ORBEGOZO A los dos días fui otra vez a verla. Me vio y sonrió. (*Pausa.*) Empezamos a vernos, a quedar… Y se vino a vivir conmigo.

REBOLLEDO ¿A tu casa? ¡Pues menudo palacio! Saldría corriendo, ¿no?

ORBEGOZO Yo entonces vivía en un piso del centro... Tres meses estuvimos juntos. Los mejores tres meses...

REBOLLEDO Ya, ya, ya me he enterado.

ORBEGOZO Era tan dulce, tan tierna... Y bastante inexperta, para lo que se podía esperar.... Era como vivir en una peli de esas ñoñas que ponen...

REBOLLEDO Y... ¿Y cómo es que terminó?

ORBEGOZO Lo de siempre... Un disgusto...

REBOLLEDO Te la pegó, fijo...

ORBEGOZO ¡Que no, joder! Ella ponía dinero para la casa... Y algo tenía que llevar yo también. Di un palo a un taxista y me pillaron. Al trullo una temporadita...

REBOLLEDO Es nuestro sino... Pero bueno, cuando salieras...

ORBEGOZO (*Suspira.*) Cuando salí... Cuando salí... (*Cambio.*) Déjate de historias, y vámonos. Mamonazo, que eres un mamonazo.

REBOLLEDO Pero qué...

ORBEGOZO El follón que ha montado por una cría... Y para nada.

REBOLLEDO Encima, me acababa de pedir la copa… Se ha quedado entera…

Oscuro.

Disco 13

Nuestros protagonistas beben cerveza de lata sentados en la calle.

ORBEGOZO Prrtfffz cacherpof.

REBOLLEDO Sibrts ptresca ptresca chimbomj...

ORBEGOZO Fit. Fit. Klimpace fresdaco, minusgate friolm coscatier, minderat jusipoll mandarez gopuri gorroño.

REBOLLEDO Kimpater frinza port (*Sin transición.*) los hay peores.

ORBEGOZO Pocos, pocos. Menudo pájaro.

REBOLLEDO Para mí, la segunda persona más detestable y asquerosa de este país tengo muy claro quién es.

ORBEGOZO ¿Quién?

REBOLLEDO Adivina.

ORBEGOZO Eeeerrr... Florentino Pérez.

Rebolledo No.

Orbegozo El Javier Vázquez ese.

Rebolledo Frío, frío.

Orbegozo Es que no sé… El Papa de Roma.

Rebolledo Ese es de Roma. Bueno, es argentino… Y además, me cae bien.

Orbegozo Sí, y a mí… ¿Quién es?

Rebolledo La marquesa Misen.

Orbegozo ¡Jodó! ¿Y eso?

Rebolledo Tú no te has puesto a pensar…

Orbegozo Pues no, pa qué te voy a mentir.

Rebolledo Esa tía es una puerca, una golfa, una asquerosa y una miserable.

Orbegozo Hala, hala…

Rebolledo Bueno, vale. Los hay más hijos de puta… Pero dentro de lo legal, esta se lleva la palma.

Orbegozo No sé por qué lo dices.

Rebolledo Mira… Esa vaca de mierda, en su juventud, ganó un premio de miss Andorra o no sé qué, a base de pasarse por la piedra a todos los miembros del jurado y a algún otro que pasaba por el lugar…

ORBEGOZO Claro. Tú estabas allí, para verlo…

REBOLLEDO Lo sabe todo dios. Todo dios que esté un pelín informado, porque claro…

ORBEGOZO Sigue.

REBOLLEDO Bueno… Le quitó el premio a muchachas que se lo merecían más que ella y que les hacía falta. Esa guarra lo hizo por vanidad. Y para aprovecharse.

ORBEGOZO ¿De qué?

REBOLLEDO Para darse a conocer y hacer cine y tal. Salía en películas de esas de verse las tetas y el culo…

ORBEGOZO De Pajares y Esteso…

REBOLLEDO No, no. Esos tenían gracia. Las que te digo son horrorosas. No tienes por dónde cogerlas.

ORBEGOZO Pues vaya.

REBOLLEDO No triunfó, claro… Pero hasta ahí tiene un pase. Más o menos, como otras.

ORBEGOZO Eso digo yo.

REBOLLEDO La cosa es que se fue por ahí, a Alemania... No tuvo nada mejor que hacer que liar a un viejo de la nobleza y casarse con él... El marqués Misen de los cojones.

ORBEGOZO ¿Y?

REBOLLEDO Ese Misen era un hijoputa de talla mayor. Fue un nazi de los que denunciaba a judíos para quitarles lo que tuvieran.

ORBEGOZO No jodas.

REBOLLEDO Como te lo digo. Cuadros, joyas, dinero... Arramblaba con todo. Y no tenía escrúpulos. Niños, viejos, mujeres... Hasta las muelas de oro les hacía sacar, a los pobres.

ORBEGOZO Ahora que lo cuentas, algo de eso tengo yo oído...

REBOLLEDO Dicen que tenía una patrulla pagada por él para hacer daño y coger lo que se le antojase.

ORBEGOZO Bueno, pero eso fue en la guerra...

REBOLLEDO Cuando acabó, y los alemanes estaban derrotados o fiambres, el hijo de siete padres ese pagó a todo cristo para que le dejaran en paz. Y lo hicieron.

ORBEGOZO Fíate tú de los vencedores...

REBOLLEDO Su fortuna era inmensa. Compró islas y palacios. Montó hospitales y museos... Para hacer olvidar lo otro...

ORBEGOZO Qué cabrito...

REBOLLEDO Y lo consiguió. Creó un imperio económico y social con todo lo que había rapiñeao.

ORBEGOZO Hijoputa sí que lo es, pero tonto, desde luego, no...

REBOLLEDO Compró el título de marqués y le puso su apellido. Y a tirar millas... Petroleras, bancos, eléctricas... De todo.

ORBEGOZO Pero... Vamos a ver... Entonces la marquesa sería un bebé, si es que había nacido.

REBOLLEDO A eso voy. Ella lo conoció viejo y chocho. Sabía mjuy bien a quién se arrimaba... Y lo engatusó. Se lo llevó al huerto, y se lo quedó todo. Los hijos del marqués, de otras mujeres, porque esta no tuvo ninguno, y otras parentelas... mirando a Pamplona. Ni títulos, ni pasta, ni nada de nada.

ORBEGOZO Toma.

REBOLLEDO Y a esperar... Bueno, a esperar, si es que no lo ayudó a cascarla, sin que él se enterara, que todo podría ser... El carcamal del marqués, al hoyo. Y la viuda, que hereda lo poco que no era suyo ya, a darse pisto, a hacerse la noble y generosa... Una filantrópica benefastora, dice que es... Una puta de mierda...

ORBEGOZO Hay putas cojonudas y muy buena gente. Casi todas las que conozco lo son.

REBOLLEDO Esta no. Y encima, con dinero lleno de sangre y de muerte, presumiendo... Y las autoridades, besándole el culo... Qué asco, por dios.

ORBEGOZO Yo creo que exageras.

REBOLLEDO ¿Qué exagero? No tienes ni repajolera idea. No estás al cabo de la calle, te lo tengo que contar todo, muy resumido, muy resumido, y, luego pasa lo que pasa.

ORBEGOZO (*Tras pausa.*) Rebolledo...

REBOLLEDO ¿Qué?

ORBEGOZO Has dicho que esa era la segunda persona que te parece más mierdosa.

REBOLLEDO Ya te digo...

ORBEGOZO Entonces, ¿quién es la primera?

REBOLLEDO ¡Hombre! ¿Esa? ¡La Duquesa de Alba!

ORBEGOZO Grtdvbstr ñukiñac prostoblofo.

REBOLLEDO Noptifeswato dramet, fullociso, corekachum.

Oscuro.

Disco 18

Entran Orbegozo *y* Rebolledo. *Aquel encuentra algo en el suelo, que recoge sin excesiva curiosidad.*

Rebolledo ¿Qué tienes ahí?

Orbegozo Nada... Un papel que había en el suelo...

Rebolledo Las papeleras, de adorno...

Orbegozo ¡¡¡COÑOOO!!!

Rebolledo ¿Qué pasa?

Orbegozo ¡La madre que me parió!

Rebolledo El susto que me ha pegado...

Orbegozo ¡Ricos! ¡Somos ricos! (*Reacción.*) Ejem... No, quiero decir... ¡Rico! ¡Soy rico!

Rebolledo ¿Se puede saber qué cojones te ha entrado?

Orbegozo (*Le muestra el papel.*) ¡Mira!

Rebolledo No... Es que no llevo las gafas de leer... ¿Qué es?

Orbegozo ¡Un talón del banco! ¡Por un millón de leuros!

Rebolledo ¡Recojones!

Orbegozo ¡Al portador y conformado!

Rebolledo ¡Hostia!

Orbegozo ¡Soy rico!

Rebolledo Bueno, pues deja de dar voces y tira eso ahora mismo.

Orbegozo En eso estaba yo pensando... ¿Estás pedo ya, a estas horas?

Rebolledo No ves qué escandalera... Y venga, déjalo donde estaba y a pirarnos.

Orbegozo Tú estás majara... ¿Cómo voy a tirar esto, burro?

Rebolledo Bueno, pues te lo quedas... Para guardártelo en el cajón de la mesilla de noche.

Orbegozo Oye... ¿Te ha dado un ataque o algo?

Rebolledo Vamos a ver... ¿Tú sabes para qué quieres eso?

Orbegozo ¿Un millón? Jo, jo,jo... Pues para pulírmelo en lo que se me antoje.

Rebolledo Claro... Así de tranquilo.

Orbegozo Claro.

Rebolledo Nada de claro.

Orbegozo ¿Qué quieres decir?

Rebolledo Tú, hasta hace un rato, ¿cuánto tenías?

Orbegozo Pues lo de costumbre... Treinta y pico pavos en el bolsillo...

Rebolledo Vale. ¿Y cómo estabas?

Orbegozo Como siempre, bien...

Rebolledo Ahora piensa... Te quedas esa pasta...

Orbegozo Ese mogollón de pasta.

Rebolledo Y empiezan las preocupaciones...

Orbegozo ¿Preocupa...? Nada, ni una. No me las voy a poder permitir... Ja, ja, ja.

Rebolledo ¿Ah no? ¿Dónde piensas guardar eso? ¿Y si te lo quitan? ¿Y si lo pierdes?

Orbegozo Eso no puede pasar...

REBOLLEDO Ya lo creo que puede…

ORBEGOZO Me lo meto apretado en el bolsillo…

REBOLLEDO Y el pantalón, a la lavadora… Adiós, adiós.

ORBEGOZO No soy tan torpe…

REBOLLEDO Vale. ¿Quién te dice que no te lo pueden robar?

ORBEGOZO Nadie sabe que lo tengo…

REBOLLEDO ¿Ah, no? ¿Con el follón que has formado? ¡Rico! ¡Soy rico!

ORBEGOZO Es verdad… ¿Me habrá escuchado algún chorizo?

REBOLLEDO Y por esa pasta, van a por ti, descarado.

ORBEGOZO Los estaré esperando, armado…

REBOLLEDO Tarde o temprano bajarás la guardia… O si van una pila de tíos a por ti…

ORBEGOZO Tú me ayudarías, ¿no?

REBOLLEDO ¿No decías que "eras" rico? "Tú". En singular…

ORBEGOZO Era una forma de hablar… No me olvidaría de…

REBOLLEDO Que es una fuente de preocupaciones, un sinvivir... Te lo digo yo.

ORBEGOZO No sé, no sé... ¿Tú cuándo has tenido...?

REBOLLEDO Aparte... Suponte que no pasa nada, y que tienes el money...

ORBEGOZO Sí, vale...

REBOLLEDO Entras en el sistema. Te vuelves un engranaje de esta sociedad capitalista, burguesa y mercantil, donde el patrón dinero se impone a todo lo demás...

ORBEGOZO Hombre...

REBOLLEDO Un eslabón de la cadena de deshumanizar, de joder la marrana... Otro número más.

ORBEGOZO No se me había ocurrido...

REBOLLEDO Adiós a la buena vida sin obligaciones ni miedos. Hola a estar siempre agobiado y estresado...

ORBEGOZO Lo pintas mal...

REBOLLEDO Un integrado de mierda, sin más amigos que los movidos por el interés...

ORBEGOZO Vale, vale. Lo tiro.

REBOLLEDO Es lo mejor que puedes hacer.

ORBEGOZO ¿Quién me iba a decir a mí que un kilo de leuros traería tantos problemas y disgustos? (*Tira al suelo el talón.*) Ea, ahí se queda.

REBOLLEDO Perfecto. Y nosotros a lo nuestro.

(*Salen por un lateral. Pausa. Entra a la carrera* REBOLLEDO, *que, raudo, coge el arrugado papel del suelo. Tras él aparece* ORBEGOZO.)

ORBEGOZO ¿Se puede saber qué haces?

REBOLLEDO Pues mira... He pensado que dejarlo aquí era un disparate...

ORBEGOZO Aaaahhh...

REBOLLEDO Calla... Un disparate porque lo puede coger cualquiera... Un despistado, un ignorante... Y joderse la existencia.

ORBEGOZO Podría ser.

REBOLLEDO De manera que... (*Rasga el talón. Y otra vez. Y otra.*) Ya no hay riesgo.

ORBEGOZO Muerto el perro...

REBOLLEDO Y los cachitos, a una papelera.

ORBEGOZO Vale. (*Pausa.*) Fíjate lo cerca que he estado de cagarla, ¿eh?

REBOLLEDO Bastante.

ORBEGOZO Pero, coño, ¿algún pellizquillo no podíamos haber trincado, por lo menos?

Oscuro.

Disco 21

ORBEGOZO *entra. Mira aquí y allá. Por el lateral opuesto accede* REBOLLEDO, *quien viste igual que su compañero de andanzas. Podría decirse que va disfrazado de él. Actúa y gesticula igual que lo hace su compadre. Imita también su voz.*

ORBEGOZO Carajo, qué ciego llevo. Voy a dar unas vueltas por aquí, a ver si me espabilo…

REBOLLEDO Carajo, qué ciego llevo. Voy a dar unas vueltas por aquí, a ver si me espabilo…

ORBEGOZO Qué mierda más buena, copón…

REBOLLEDO Qué mierda más buena, copón…

ORBEGOZO Bueeeenoooo… Qué colocóóóón…

REBOLLEDO Bueeeenoooo… Qué colocóóóón…

ORBEGOZO (*Repara en* REBOLLEDO.) Anda, coño…

REBOLLEDO Anda, coño…

ORBEGOZO ¿Quién eres tú?

Rebolledo ¿Quién eres tú?

Orbegozo Soy Orbegozo...

Rebolledo Soy Orbegozo...

Orbegozo ¿Qué ladras, pavo? ¡Orbegozo soy yo!

Rebolledo ¿Qué ladras, pavo? ¡Orbegozo soy yo!

Orbegozo A alguno le va a caer una hostia de las que hacen época...

Rebolledo A alguno le va a caer una hostia de las que hacen época...

Orbegozo Pareces un mono de repetición, leche.

Rebolledo Pareces un mono de repetición, leche.

Orbegozo (*Observa al otro con detenimiento.*) Bueno... Algo sí te me pareces... En más feo, claro...

Rebolledo (*Igual.*) Bueno... Algo sí te me pareces... En más feo, claro...

Orbegozo Me voy a tener que cagar en mi padre...

Rebolledo Me voy a tener que cagar en mi padre...

Orbegozo Esto ya pasa de castaño oscuro... ¿Qué mierda quieres?

REBOLLEDO Esto ya pasa de castaño oscuro… ¿Qué mierda quieres?

ORBEGOZO Uy, uy, uy… Que te meto un guantazo que te visto de torero…

REBOLLEDO Uy, uy, uy… Que te meto un guantazo que te visto de torero…

ORBEGOZO Hasta aquí hemos llegao…

(ORBEGOZO *se lanza a por* REBOLLEDO. *Antes de alcanzarlo, cambia la iluminación.* REBOLLEDO, *aún vestido de* ORBEGOZO *actúa ahora como sí mismo.)*

REBOLLEDO Quieto, león…

ORBEGOZO (*Se detiene de golpe.*) ¿Qué? ¿Más chufla?

REBOLLEDO ¿Qué chufla ni qué niño muerto? Vas como una moto, eso es lo que pasa.

ORBEGOZO Pero…

REBOLLEDO A ver si controlas un poco más.

ORBEGOZO ¿Tú… Tú no estabas ahora mismo imitando todo lo que yo decía y hacía?

REBOLLEDO Vaya empane que tienes, tío.

ORBEGOZO ¿No?

REBOLLEDO Claro que no. Te hablaba y no decías más que patochadas sin pies ni cabeza.

ORBEGOZO Ah... No sé... Debo estar más mal de lo que pensaba.

REBOLLEDO Te has pasado siete pueblos...

ORBEGOZO En fin... Voy a echar una meadita en aquella farola.

REBOLLEDO Sí, anda, ve.

ORBEGOZO ¡Madre de mi vida, qué colocón! Me debo estar haciendo viejo...

(*Sale.*)

REBOLLEDO (*Remeda, como antes.*) ¡Madre de mi vida, qué colocón! Me debo estar haciendo viejo...

Oscuro.

Disco 22

Orbegozo y Rebolledo *sentados a la mesa de la terraza de un bar. Tienen delante, respectivamente, una taza con un carajillo y una cerveza en su botella.*

Orbegozo ... Y, encima, presume de transigente, el tío... ¡Ja! Transigente, ¡él! Habría que ver qué entiende por ser borde.

Rebolledo Lo que hay que oír...

Orbegozo Pero para remate... (*Repara en lo que les han servido. Cambio.*) Oye, oye... Pero ¿esto qué es?

Rebolledo ¿Qué pasa?

Orbegozo Pasa que esto es el no va más. Pasa que te toman el pelo a la primera de cambio. Pasa... Pasa que me he pedido un botellín... ¡Y me traen esto!

Rebolledo Desde luego... (*Ve la cerveza ante sí. Estupor.*) Pero... ¡¿Y esto?! Yo he dicho un carajillo de anís dulce, tú me has oído... ¡Y me sirven una cerveza!

ORBEGOZO Nada, nada... Llamamos al camarero y lo ponemos firmes...

REBOLLEDO O mejor, que traiga la hoja de reclamaciones...

ORBEGOZO Porque, vamos, yo creo que hablo claro y se me entiende... ¿O no? Un botellín de cerveza... Si mando por un botellín, es que quiero un botellín, no un café... O lo que sea esto, porque huele que alimenta...

REBOLLEDO Yo igual. Pido carajillo, es carajillo, no cerveza.

ORBEGOZO Vamos a protestar...

REBOLLEDO Bien fuerte y con energía.

ORBEGOZO Es que ya está bien, oye... Pido una cerveza, y me traen un café... O un carajillo, porque esto atufa a anís que tira para atrás... Y tú pides un carajillo y te ponen cerveza.

REBOLLEDO No hay derecho, hombre. Nos estamos cargando lo más sagrado... Que ahora mismo se lleven esta cerveza y traigan mi carajillo. Y que te retiren a ti esa taza y te sirvan la cerveza que pediste.

ORBEGOZO (*Breve pausa.*) Aunque... Estoy pensando... Podríamos solucionarlo nosotros mismos... Más que nada, para ahorrarnos molestias y tardanzas...

REBOLLEDO ¿Cómo?

ORBEGOZO Verás... No tenemos necesidad de avisar al camarero para nada... Yo pedí una cerveza y me han servido este caraja...

REBOLLEDO Así es.

ORBEGOZO Y tú, al revés: pides café con anís y te traen cerveza.

REBOLLEDO No sé cómo podemos resolverlo...

ORBEGOZO Pues cambiando nosotros.

REBOLLEDO ¿Eh?

ORBEGOZO Sí... Cambiamos nosotros mismos y...

REBOLLEDO Ya, ya... Creo que te sigo... Cambiamos y no tenemos que quejarnos.

ORBEGOZO Sin que sirva de precedente...

REBOLLEDO En principio, por mí no habría inconveniente.

ORBEGOZO Entonces... ¿Hacemos el cambio?

REBOLLEDO ¡Venga! Seamos benevolentes...

(En lugar del lógico intercambio de bebidas, se levantan y permutan sus asiento.)

ORBEGOZO Ahora sí, ya está mejor.

REBOLLEDO Desde luego… Para que aprendan. ¡Esto es ser tolerante!

Oscuro.

Disco 25

Orbegozo y Rebolledo juegan al fútbol con una lata vacía de cerveza.

Orbegozo Y viene Messi…

Rebolledo Menudo Messi estás tú hecho.

Orbegozo ¿A que me parezco?

Rebolledo Igualito. Como un huevo a una castaña.

Orbegozo Yo siempre fui fajador… Tengo cintura, y mi pierna buena…

Rebolledo Para, para. Descansemos un rato.

Orbegozo Vale.

Rebolledo (*Ofrece tabaco y toma para sí.*) ¿Un trujo?

Orbegozo Venga… (*Encienden los cigarrillos.*) Ahora unas birritas caerían como teta de monja, ¿eh?

Rebolledo ¡Y tanto! (*Pausa.*) ¿Sabes? Esto del fútbol tiene guasa…

ORBEGOZO No sabría decirte...

REBOLLEDO Que tiene miga... Que vaya tela con...

ORBEGOZO No, si esa parte la he entendido, pero no sé a qué te refieres.

REBOLLEDO Aaahhh, vale... No, eso. Pones a once chavales, ahí, con una camiseta y un pantaloncito corto... Y ya tienes montado un cotarro de manda madre.

ORBEGOZO Bueno, es algo más complicado...

REBOLLEDO Se resume a eso... Dos equipos de críos corriendo por un campo de hierba a pegarle patadas a una pelota... Y el chollo universal.

ORBEGOZO Mirado desde ese punto de vista...

REBOLLEDO ¿Y las millonadas que cobran? Es para hacer parar el mundo y bajarse...

ORBEGOZO Los jugadores tienen un caché...

REBOLLEDO Por encima de científicos, presidentes y reyes de países... Incluso de premios Nobel.

ORBEGOZO Algunos, desde luego.

REBOLLEDO Y ya ves tú lo que hacen.

ORBEGOZO Pero reconoce que lo hacen divinamente.

REBOLLEDO ¿Y qué? ¿Es eso importante? ¿Aporta mucho a la existencia humana?

ORBEGOZO No se trata de eso.

REBOLLEDO Un despropósito absoluto es lo que es. Dinerales tirados en chorradas…

ORBEGOZO Es que…

REBOLLEDO Mueven cantidades que tipos como tú o como yo no podemos ni entender… Otra: los fichajes. Parece que compraran curaciones contra el alzheimer o sistemas para acabar con el hambre…

ORBEGOZO No exageres.

REBOLLEDO ¡No lo hago! Es así. El mundo en crisis, y los del fútbol, jugadores, directivos y toda la pesca, forrándose el riñón… Si hasta por un mediocre del extranjero pagan más que lo que valen veinte pisos juntos…

ORBEGOZO Un poco aparte de la realidad sí que viven…

REBOLLEDO ¡Y lo que endiña la gente por mirar los partidos! Que venga Dios y lo vea… Hay tipos que gastan lo que no tienen para poner los partidos en casa… O se van a un bar, donde además de pulirse la pasta, cogen unas cocidas…

ORBEGOZO Ha de haber gente para todo…

REBOLLEDO Y sin mencionar las tarifas que pagan los que se hacen socios de los clubes o asisten a los campos... Más de uno y más de dos no tienen donde caerse muertos, pero cada semanita, al estadio las veces que toque, a tanto la entrada...

ORBEGOZO Conozco yo a un gachó... Pone cinco leuros de saldo en el móvil al mes, porque no tiene un chavo... Pero eso sí, cada temporada, las tres camisetas oficiales del Madrid no se las quita nadie. Para él y para sus tres hijos...

REBOLLEDO Encima... Y publicidades, productos patrocinados... Y todos, como borregos...

ORBEGOZO Son seguidores...

REBOLLEDO ¡Fanáticos! Fanáticos de esa nueva religión que es el balompié. Los jugadores, sus dioses o diablos, dependiendo de si el equipo es el propio o el rival... El balón, el grial. El gol, la salvación... Efímera en lugar de eterna, pero...

ORBEGOZO Que no es para tanto...

REBOLLEDO ¡Para eso y más! ¿Tú no ves a la gente como se *enciega* con su equipo? Si pegan a un contrario, lo justifican y disculpan, aunque al revés nunca... Por ganar una copa, que debe costar cuatro chavos y que no sirve para nada...

ORBEGOZO Para tenerla y exhibirla.

REBOLLEDO Ya ves tú, qué cosa. Que si liga, que si copa, que si Champions, que si UEFA…

ORBEGOZO Te veo muy enterado…

REBOLLEDO Y además tenemos la selección… El *summum*. El no va más…

ORBEGOZO ¿Tú no quieres que gane la selección?

REBOLLEDO Claro que quiero. No se trata de la selección.

ORBEGOZO Ah.

REBOLLEDO Hablo en general. Entre una cosa y otra, el fútbol se ha convertido en cuestión de estado y, más que nada, en la nueva religión. Vas a un bar, un día cualquiera, a tomar algo tranquilito, y te encuentras la discusión futbolera de los huevos montada, que no deja hablar ni pensar, porque se expresan a gritos… Y se insultan…

ORBEGOZO Y llegan a las manos, que tampoco es raro…

REBOLLEDO Partidarios y simpatizantes de un equipo rivalizan con los contrarios hasta unos puntos de violencia y agresividad injustificables…

ORBEGOZO Como esos grupos de hinchas, que quedan para pegarse en grupo, antes de los partidos…

REBOLLEDO Lo dicho… Solo nos faltaba el fútbol para terminar de arreglar este país.

ORBEGOZO Sí… Anda que…

REBOLLEDO (*Tras una pausa. Con gesto hacia el bote vacío.*) ¿Seguimos?

ORBEGOZO Si has descansado ya, sí… Porque estás cada vez más momia.

REBOLLEDO La madre que te parió pintada de verde, momia. Tú sí que eres un carca…

(*Reanudan el juego.* ORBEGOZO *marca un supuesto gol y lo celebra con gritos y aspavientos.*)

ORBEGOZO ¡¡¡¡Gooooool!!!! ¡¡Sssiiiiuuu!!

REBOLLEDO Na, na, na… Empezaste la jugada en *orsay*.

ORBEGOZO ¡¡¡Gooool!!!

REBOLLEDO Que estabas en fuera de juego, chalado.

ORBEGOZO ¿Qué coño de fuera de juego? Te he superado en buena lid.

REBOLLEDO Gol invalidado, por fuera de juego y por cometer falta.

ORBEGOZO ¿Falta? ¿Qué falta?

REBOLLEDO ¡Hombre! ¡Me has dado un golpe que...!

ORBEGOZO (*Amenazador.*) ¿Golpe? ¿Quieres saber lo que es un golpe?

REBOLLEDO (*Igual.*) No tienes tú huevos...

(Se enfrentan para pegarse.)

Oscuro.

Disco 27

ORBEGOZO Es que ya ni andar por la calle se puede sin tropezarte con chinos, sudacas y negros...

REBOLLEDO Bueno...

ORBEGOZO Y moros. Sobre todo, moros. Ya parecemos más África que nosotros mismos...

REBOLLEDO Ahora, ¿qué pasa?

ORBEGOZO No, si no es de ahora... Es que no los soporto.

REBOLLEDO No te sabía yo tan racista.

ORBEGOZO Y en realidad no lo soy... Me da igual lo que hagan... Vivo y que me dejen vivir... Pero los moros no. Por ahí no paso.

REBOLLEDO ¿Y esa xenofobia?

ORBEGOZO Me cuesta hablar de ello...

REBOLLEDO Eso sí que es una novedad...

ORBEGOZO ¿Te acuerdas que te hable una vez de Mari Pili?

REBOLLEDO Sí... Algo... La estríper, ¿no?

ORBEGOZO Sí, ella.

REBOLLEDO Que te metieron en el talego y te dejó...

ORBEGOZO ¿He dicho yo eso?

REBOLLEDO Por lo que recuerdo, sí.

ORBEGOZO Pues recuerdas mal. No te dije lo que pasó.

REBOLLEDO Cuéntamelo ahora.

ORBEGOZO A ello iba. (*Pausa.*) Estaba yo en la mazmorra, por un palo a un taxista, que me pillaron... Y ella, en la calle. Seguía con su trabajo y con sus lecturas...

REBOLLEDO Lo normal.

ORBEGOZO Me faltaba una semana para salir de la trena... Mari Pili fue a visitar a una amiga, antigua colega de profesión, y luego ama de casa con tres criaturas... Vivía en las afueras, en la zona de la ampliación...

REBOLLEDO Sí.

ORBEGOZO Pues cuando iba a verla, la trincaron seis moros por el camino... Por lo visto, a esa hora no había nadie por la calle... Y si lo había, se quitó de en medio...

REBOLLEDO No me jodas...

ORBEGOZO No querían violarla. Solo robarle... Y le pegaron una paliza de la hostia.

REBOLLEDO Me cago en...

ORBEGOZO Seis moros fueron. Y ella, una chica sola... Le deshicieron la cara... Le rompieron cuatro dedos –que perdió dos— y tres costillas...

REBOLLEDO ¡...!

ORBEGOZO Una le perforó un pulmón y por causa de eso, la palmó unos días más tarde.

REBOLLEDO Joder... lo siento.

ORBEGOZO Pero antes, el tiempo que aguantó... Toda hecha polvo... Si le vieras la cara... Donde aún quedaba piel, hinchado y morado... Los dientes rotos o arrancados a golpes... Y lo de los dedos... La pobre sufría mucho.

REBOLLEDO Vaya una mierda...

ORBEGOZO ¿Sabes cuánto le quitaron? Doce mil pesetas... ¡Doce mil pesetas! Por doce mil putas pelas, la destrozaron y la mataron.

REBOLLEDO Ni aunque hubiera sido más...

ORBEGOZO Yo, hasta entonces, no tenía nada contra los moros... En el trullo hasta me hice amigo de uno que trapicheaba con no sé qué... Ahmed se llamaba... Pero todo eso, antes de enterarme de lo de Mari Pili.

REBOLLEDO Claro.

ORBEGOZO Estuve con ella todo el tiempo que le quedó... Allí, en el hospital... Ángel mío... Lloraba de dolor todo el rato... Los pocos ratos que estaba consciente, porque claro...

REBOLLEDO No pienses en ello.

ORBEGOZO Y se murió. Problemas para respirar, que si perforación pulmonar, encharcamiento de sangre... Yo no sé bien... Pero allí se quedó.

REBOLLEDO Te acompaño en el sentimiento.

ORBEGOZO Entonces... Llamé a unos colegas... El Gueri, el Roca, el Zúñiga... Tú no los conoces... El que no está preso es que ya empinó el zapato... Gente muy relacionada pero igual de peligrosa... Dimos con ellos.

REBOLLEDO ¿Con quién? ¿Con los moros?

ORBEGOZO Con los moros... Bueno, con cinco, porque el otro se había largado a Fez, a Marrakesh o al puto agujero del que salió... Te puedo jurar que a los que pillamos se les quitaron las ganas.

Rebolledo Las ganas ¿de qué?

Orbegozo De todo. Tres fueron con pase directo al pijama de madera... A otro lo dejamos como una planta, pero sufriendo... Y el que salió mejor parado, que nos juró que él no hizo nada, que no quería pero los otros no le hicieron caso... A ese solo le machacamos la jeta y le rompimos los brazos...

Rebolledo Justicia poética.

Orbegozo Poética, no sé... Pero, desde luego, arrepentirse, se arrepintieron. Antes de palmar...

Rebolledo Y desde entonces no soportas a los moros.

Orbegozo No los puedo ni ver. Todos me parecen aquellos cabrones...

Rebolledo Bueno, pues olvídalo. Agua pasada no mueve molino...

Orbegozo Fue y es duro...

Rebolledo No te digo que no... Pero tampoco te tienes que pasar la vida amargado cada vez que veas a un...

ORBEGOZO Procuro pasar. Y me cuesta trabajo... Pero voy tirando...

REBOLLEDO Esa es la actitud, Orbegozo.

ORBEGOZO Las demás razas me dan igual... Prefiero no mezclarme con ellos más de lo preciso, eso sí...

REBOLLEDO Bueno, normal...

ORBEGOZO Pero no me llevo mal... (*Pausa.*) Claro que los chinos...

REBOLLEDO ¿Qué les pasa a los chinos?

ORBEGOZO Esos vienen a llevarse todo lo que se pueda y San Seacabó. ¿No te has dado cuenta? Los chinos se organizan en grupos o familias, tipo mafia... Y gastan menos que un ciego en novelas...

Oscuro.

Disco 31

Rebolledo Menudo repasito le has pegado a todas las razas. Te has quedado descansando, ¿eh? Me tenías la cabeza...

Orbegozo ¿Es que no digo la verdad?

Rebolledo Pareces el Trump de los cojones.

Orbegozo ¿Qué dices?

Rebolledo Lo que estás oyendo... Coño, la pájara que te ha dado... Y unos, y otros... No has dejado títere con cabeza. Todos se han llevado su ración de estopa...

Orbegozo No. Pregunto lo del mierda ese del Trump. ¿Qué tendrá que ver...?

Rebolledo Como Hitler, igual. Y tú, por ahí te andas casi...

Orbegozo ¿Yo? Mis cojones.

Rebolledo El Trump y el Hitler son clavados. Tal para cual. Puta carroña criminal.

Orbegozo Hitler era con los judíos...

REBOLLEDO Y Trump con los mexicanos... O con todos los demás, el tiempo me dará o quitará razón...

ORBEGOZO Desde luego, menudo elemento.

REBOLLEDO (*Tras pausa.*) ¿Sabes lo que creo? Que esa mania contra lo de fuera... Pienso que los cuates le han hecho algo hace tiempo, y no lo ha superado.

ORBEGOZO ¿Como qué?

REBOLLEDO Personalmente, estoy convencido de que un manito le dio por el culo...

ORBEGOZO ¡Recojones!

REBOLLEDO Pero encularlo bien, en sentido literal... ¡Tooooma! Y para dentro.

ORBEGOZO Podría ser...

REBOLLEDO Es que algo tiene que haber por fuerza...

ORBEGOZO Desde luego, la fobia que les tiene, muy normal no es.

REBOLLEDO Ahora... Lo que no sé es si le jodió el enculamiento... O si se molestó porque no se lo pasó bien... O quizás porque le encantó y quedó enganchado, pero el mexicano se borró del mapa y se ha quedado el hijoputa del Trump con la espinita clavada en el corazón...

Orbegozo ¿Piensas eso?

Rebolledo A ver… Pues claro. ¿Cómo, si no, se entiende…?

Oscuro.

Disco 33

ORBEGOZO Hay de todo, como en la viña del señor.

REBOLLEDO Mucha mierda y mucha porquería es lo que abunda.

ORBEGOZO Mira que eres cerrado para las canciones…

REBOLLEDO Es que eso ni es música ni es nada. Ya hace tiempo que observo cómo se va al garete el gusto musical.

ORBEGOZO Lo que pasa es que no lo entiendes… Las nuevas generaciones…

REBOLLEDO ¡Una higa para las nuevas generaciones! Que si (*Cada fragmento de canción lo interpreta imitando en lo posible al original, tal vez un poco exagerado en su peculiaridad.*) rap… O trap, que le dicen ahora… (*Canta.*) PPPFFF… PPPFF… Hola yo ahora vengo aquí/ nena, para echarte un polvazo a ti.

ORBEGOZO Ja, ja, ja.

REBOLLEDO ¿No o qué?

ORBEGOZO Más bien «qué», pero bueno…

REBOLLEDO Que si los alemanes... (*Remeda.*) Krampf pataf uber marchken... Parece que cantan con la boca llena de polvorones... Y como si siempre estuvieran cabreados... (*Pausa.*) Y no digamos los italianos, que cantan con la nariz... (*Nasal y agudo.*) Cantare d'amore non basta mai / Ne servirà di più / Per dirtelo ancora per dirti che / Più bella cosa non c'è / Più bella cosa di te / Única come sei...

ORBEGOZO No veas, el italiano de los montes que gastas...

REBOLLEDO Y ya el remate del tomate, cuando se ponen a traducir... La mayoría parecen escritas por tarados...

ORBEGOZO ¿Como cuál?

REBOLLEDO Muchas, por no decir todas... Mogollón de baladas empalagosas... Tienen éxito y mandan traducirlas al español... Y no veas qué cagadas... Esa misma de antes... (*Como antes.*) Cantar al amor ya no bastará / Es poco para mí / Si quiero decirte que nunca habrá / Cosa más bella que tu... Valiente gilipollez.

ORBEGOZO Yo lo encuentro repipi. (*Cambio.*) Y no sabía que estabas tan al día en el tema musical...

REBOLLEDO Menos coñas. La jodida niña del bar, que tiene todo el santo día la radio puesta... (*A lo suyo.*) Lo que te decía... Aparte de no tener sentido ninguno, es que suenan mal... Chirrían...

ORBEGOZO Ahí te doy la razón. Cada tema debe interpretarse solo en su idioma.

REBOLLEDO Claro. Sinatra, o Elvis, o los Beatles... ¿Cuándo han traducido nada?

ORBEGOZO Nunca. Y han hecho muy bien... ¿Tú te imaginas, por ejemplo...? (*Canta.*) My my my Delilah / Why why why Delilah... Un clásico.

REBOLLEDO Total.

ORBEGOZO Ponlo en español. (*Como antes.*) Mi mi mi Delilah / Por qué, por qué, por qué Delilah... Valiente parida.

REBOLLEDO Ja, ja, ja. Desde luego.

ORBEGOZO O al revés... Vamos a poner... (*Motivado.*) ¿Dónde vas con mantón de Manila? / ¿Dónde vas con vestido chinés?... Pásala al inglés, por poner un caso...

REBOLLEDO ¿Cómo sería?

ORBEGOZO Algo así...(*Canta de nuevo.*) Where you're going with manton of Manila / Where you're going with a chinés dress?

Rebolledo Ja, ja, ja, ja.

Orbegozo Una jeremiada absoluta.

Rebolledo Lo que yo decía… (*Falsete.*) No controles / mi forma de bailar / porque es total / y a todo el mundo encanta…

Orbegozo Esa no necesita traducirse para que sea una mamarrachada.

Rebolledo Los clásicos, Orbegozo. Esos son los que no defraudan nunca.

Orbegozo Por algo son clásicos.

Rebolledo Que se quiten todos esos mastuerzos que no valen un duro…

Orbegozo Donde se ponga, por ejemplo, un Javier Krahe…

Orbegozo /Rebolledo (*A dúo.*) Que no comprendo bien el mundo / No sé vivir en sociedad / Hay ciertas veces que confundo / Hay ciertas veces que confundo / Libertinaje y libertad…

Oscuro.

Disco 40

ORBEGOZO Yo lo reconozco... Viajar es muy bonito... Pero tiene sus inconvenientes.

REBOLLEDO Como todo, nos ha jodido.

ORBEGOZO Pero son problemas que te buscas por gusto, sin necesidad...

REBOLLEDO Viajar es una maravilla, lo mires por donde lo mires.

ORBEGOZO Claro, claro... A coger enfermedades extrañas, a comer cosas exóticas como serpientes o cerebros de monos vivos...

REBOLLEDO Joder.

ORBEGOZO Además, por ahí lo que más te encuentras son extranjeros, para colmo...

REBOLLEDO No. Ellos están en sus países. Los que viajan son los extranjeros.

ORBEGOZO Me da lo mismo. Para mí son extranjeros.

REBOLLEDO Por ahí se conoce, se experimenta, se aprende...

ORBEGOZO Se pasan horas sin hacer nada ... No puedes hablar con nadie porque no sabes su lengua... Y papeleos tan interminables como inútiles en aeropuertos y aduanas...

REBOLLEDO Mira que eres agonías, ¿eh?

ORBEGOZO La verdad pura y dura... Mira al Sirla, sin ir más lejos.

REBOLLEDO ¿Qué le pasa al Sirla?

ORBEGOZO El otro día me lo encontré... Ha ido a Alaska.

REBOLLEDO ¡No jodas! ¿Y qué se le ha perdido a ese por allí?

ORBEGOZO Como perder, casi se deja la cabeza... De aperitivo, tuvo que pedir un visado para poder ir...

REBOLLEDO No van a dejar entrar a todo quisqui...

ORBEGOZO Tres horas lo tuvieron preguntándole cosas... Que si has tenido sífilis, gonorrea, que si eres integrista...

REBOLLEDO Como que si lo fuera, se lo iba a decir a ellos...

ORBEGOZO Dice que peor que la reválida... Y con malas maneras... Una especie de gestapo o de inquisición...

REBOLLEDO Vaya guasa.

ORBEGOZO Y dice que por la otra ventanilla, los que iban tardaban dos minutos…

REBOLLEDO Le tocaría el funcionario cabrón de turno…

ORBEGOZO Total, que no muy convencidos, pero le dan el visado… Y allá que se va. ¡Once horas de avión! Sin contar todo el tiempo de las escalas, aburrido en aeropuertos que no te puedes mover de allí…

REBOLLEDO Cojones…

ORBEGOZO Sin fumar, porque está prohibido…

REBOLLEDO Gggrrrrrr

ORBEGOZO Sin beber, porque una copa en el avión te cuesta lo que la entrada de un piso…

REBOLLEDO Puf…

ORBEGOZO Llega al destino, sale del aeropuerto, coge un taxi… Y el taxista lo quiso tangar…

REBOLLEDO ¿Al Sirla? Mal ha elegido el taxista ese…

ORBEGOZO Pasó no sé qué, apareció la policía… Y de vuelta para casita, deportado.

REBOLLEDO ¿Sí?

ORBEGOZO No estuvo ni media hora en Alaska…

REBOLLEDO Bueno, todo eso le pasaría por mala suerte…

ORBEGOZO Que no, que no, que eso es el pan nuestro de cada día.

REBOLLEDO Lo dices porque… ¿Tú has viajado mucho?

ORBEGOZO ¿Yo? ¿Me has visto cara de turista?

REBOLLEDO No, pero como hablas con tanta autoridad…

ORBEGOZO Yo no me he movido de aquí… Bueno, a alguna otra ciudad he ido… O me han llevado… Pero viajar, lo que se entiende por viajar, nunca. (*Pausa.*) ¿Y tú?

REBOLLEDO Tres cuartos de lo mismo…

ORBEGOZO ¿Entonces? Tanto que si se aprende, que si es una maravilla…

REBOLLEDO Por lo que veo por la tele, sabiondo… (*Cambio.*) Yo no me quiero morir sin haber ido a algún sitio…

ORBEGOZO Qué perra has cogido…

REBOLLEDO Podríamos darnos un garbeo por ahí…

ORBEGOZO ¿Nosotros? No sé…

REBOLLEDO Claro. Lo pasaríamos de puta madre...

ORBEGOZO ¿Y dónde propones?

REBOLLEDO Pues... A Canadá, descartado.

ORBEGOZO Y Estados Podridos igual.

REBOLLEDO ¿Marruecos?

ORBEGOZO Sí, claro... Con los moros, ¿no?

REBOLLEDO Jodeeer...

ORBEGOZO Algún sitio no muy retirado... Y que hablen español...

REBOLLEDO ¿Y eso dónde es? Porque latinoamérica está en el quinto pino de las tres voces... Y más cerca en cada sitio se habla su idioma...

ORBEGOZO Aunque, vamos... ¿Para qué carajo queremos viajar, con lo a gusto que estamos en casa?

Oscuro.

Disco 47

ORBEGOZO *y* REBOLLEDO *en una isla diminuta, toda árida. No se les ve muy animados y sí algo sucios y maltrechos, sin exagerar, de acuerdo a su actual condición de náufragos.*

ORBEGOZO ¡¡¡En qué momento me dejaría yo liar!!!

REBOLLEDO ¿Quién lo iba a decir…? Los aviones son el medio más seguro de viajar…

ORBEGOZO ¿Y qué coño de necesidad teníamos de viajar? ¿Eh?

REBOLLEDO Ha sido mala suerte…

ORBEGOZO Mala suerte… El aparato peta en pleno vuelo… Nada, mala suerte…

REBOLLEDO Bueno, pero estamos vivos e ilesos…

ORBEGOZO ¡De puto milagro!

REBOLLEDO Desde luego, lo de las balsas de aire ha sido un golpe de fortuna…

ORBEGOZO Ya ves… Si no, ahora seríamos comida para los peces. Como todos los demás desgraciados que iban en el avión.

REBOLLEDO Lo bueno de tener los billetes más baratos es que te ponen cerca de esos trastos… Y nos han salvado la vida…

ORBEGOZO No lo olvidaré nunca… La tonta polla de la azafata: «vamos a cruzar una zona de turbulencias. No se alteren…». Y ¡¡¡Catapuuum!!! ¡La madre que la parió!

REBOLLEDO El cacharro se ha partido en tres pedazos de golpe…

ORBEGOZO O en cinco…

REBOLLEDO Y las balsas esas…

ORBEGOZO Más vale que cierres el pico, porque llevas todas las papeletas… Deja que me tranquilice un poco.

REBOLLEDO Es que llevamos tres días aquí y sigues…

ORBEGOZO ¡¡¡Como si son tres meses!!! Claro que, aquí, que no hay ni lagartijas... Piedras y arena nada más… En tres meses no quedaría ni el esqueleto… Eso sí, antes de espicharla, te liquido y te devoro yo a ti.

REBOLLEDO Muy amable.

ORBEGOZO Ha sido todo por tu culpa. Y a ver qué hacemos ahora, señor lioso.

REBOLLEDO Tendrán registros de donde explotó el aeroplano... No tardarán en enviar equipos de rastreo y rescate...

ORBEGOZO Sí. Van a venir pronto... ¿No ves que el avión pegó el pepinazo en un sitio y las balsas, al planear, nos pueden haber llevado a kilómetros de distancia?

REBOLLEDO Bueno, pero no habrá tantos lugares donde buscar...

ORBEGOZO La próxima vez que se te ocurra algo como eso de salir de viaje, te metes la lengua en el culo y hablas por el otro sitio.

REBOLLEDO ¿Quién lo podría haber supuesto? Está demostrado que el modo más seguro de viajar es en avión...

ORBEGOZO Si vuelves a repetir eso, la vamos a tener... ¡Y gorda!

REBOLLEDO Si es verdad. Dejando a un lado lo que hemos tenido la desgracia de pasar...

ORBEGOZO ¡Calla!

REBOLLEDO Ya te estás pasando... ¿Porqué me tengo que callar todo el rato?

ORBEGOZO ¡¡¡Que te calles!!! Escucha... ¿No oyes?

REBOLLEDO Huuuumm... Sí... ¡Sí! ¡Un helicóptero!

ORBEGOZO Eso parece...¿Dónde...?

REBOLLEDO (*Señala.*) Allí... Sí. ¡Sí! ¡Salvados! (*Aspavientos en dirección al frente.*) ¡¡¡Eeeehhh!!! ¡¡¡Aquíííí!!!

ORBEGOZO No cantemos victoria todavía... Volver a subir a un cacharro que vuela... Qué ilusión...

REBOLLEDO /ORBEGOZO ¡¡¡Estamos aquí!!! ¡¡¡Socorro!!!

Oscuro.

Disco 52

Orbegozo y Rebolledo *entre rejas.*

Orbegozo Ya me parecía a mí raro… Tanto paparazzi, tanto numerito…

Rebolledo Pensé que venían por ser nosotros los únicos supervivientes del accidente del avión… A entrevistarnos y tal…

Orbegozo Claro. Y yo.

Rebolledo Y resulta que nos encarcelan por creer que somos terroristas y fuimos los causantes de lo que pasó.

Orbegozo (*Incrédulo.*) Un momento… ¿Cómo has dicho? ¿Me lo puedes repetir?

Rebolledo Eso… Que nos han entrullado por imaginarse que nosotros…

Orbegozo Me cago en tu padre, Rebolledo.

Rebolledo ¿Qué pasa? Cojones… ¿A qué viene esto?

ORBEGOZO Qué eres más tonto que caerte de espaldas y romperte la polla...

REBOLLEDO Pero qué...

ORBEGOZO El bobo de Coria, a tu lado, una lumbrera.

REBOLLEDO ¡Basta ya, leche! ¿Qué coño te ha entrado? ¿Porqué me insultas así?

ORBEGOZO Porque no te enteras de nada, capullo.

REBOLLEDO ¿Ah, no? Y... ¿se puede saber qué es eso de lo que no me entero?

ORBEGOZO ¿De dónde has sacado eso del terrorismo y que nos responsabilicen del accidente aéreo?

REBOLLEDO Yo qué sé... Lo he supuesto...

ORBEGOZO Lo dicho... Más gilipollas que una gorra del revés.

REBOLLEDO Ya me estoy hartando de que te metas conmigo...

ORBEGOZO Vamos a ver... Cuando nos recogieron, en el helicóptero...

REBOLLEDO Sí.

ORBEGOZO Tú estabas allí, igual que yo...

Rebolledo Sí, sí.

Orbegozo Vale… ¿Qué pasó?

Rebolledo Nos recogen, nos dan unos bocatas y un par de botellas de agua…

Orbegozo ¿Qué más?

Rebolledo Nos enmanillan, nos traen y nos meten aquí dentro.

Orbegozo Joder…, ¿y antes?

Rebolledo Antes…, ¿cuándo?

Orbegozo ¿Cómo cuando? ¡Cuando nos pusieron las esposas! ¿Qué dijo el pavo aquel?

Rebolledo (*Tras pensarlo.*) Ni idea.

Orbegozo ¡Justo! Ahí es donde quería llegar yo. No te enteraste de nada…

Rebolledo Bueno… Tenía hambre… Estaba por los bocatas… Y con aquel follón del helicóptero…

Orbegozo Ay, alma de cántaro… Preso y ni se entera del motivo…

Rebolledo Cuéntamelo tú, que lo sabes todo.

Orbegozo Nos han detenido por invasores.

REBOLLEDO ¿Qué?

ORBEGOZO Lo que oyes… Nos han tomado como una especie de okupas, pero en plan cutre…

REBOLLEDO No entiendo.

ORBEGOZO Según parece, ese meño de isla, porque es nada más que un meño…

REBOLLEDO Y que lo digas.

ORBEGOZO Pues ese islote de mierda tiene un gran valor estratégico…

REBOLLEDO Ah.

ORBEGOZO En sentido territorial es muy importante, por estrategia o no sé qué, aunque no sirva para un carajo más ni haya nada que importe a nadie.

REBOLLEDO Fíjate…

ORBEGOZO Por lo visto, los moros o no sé quién, están siempre dando por culo por apropiarse de la jodida islita…

REBOLLEDO ¿Para qué?

ORBEGOZO Ni puta idea… La cosa es que nos han tomado por unos de esos… Y aquí nos tienes, calentando celda…

REBOLLEDO Vaya cabronada.

ORBEGOZO Confundirnos con moros... Lo que hay que oír.

REBOLLEDO ¿Entonces? ¿Qué podemos hacer?

ORBEGOZO Yo qué sé... Nadie nos hace ni puto caso... Para una vez que no hacemos nada...

REBOLLEDO (*Tras pausa.*) Oye... ¿De todo eso te has enterado en el helicóptero? Yo, como estaba dándole a los bocatas...

Oscuro.

Disco 56

REBOLLEDO *y* ORBEGOZO *en un ámbito cerrado. Buscan por paredes y rincones.*

REBOLLEDO Nada, ni un agujero.

ORBEGOZO Por aquí tampoco... Ni una grieta, ni un resquicio...

REBOLLEDO Si esto parece un almacén...

ORBEGOZO Algo así...

REBOLLEDO ¿Cómo cojones hemos venido a parar aquí?

ORBEGOZO (*Señala a las alturas.*) Por ahí, por el conducto del aire...

REBOLLEDO Ya, ya sé que es por ahí por donde hemos salido... O caído, mejor...

ORBEGOZO ¿Y?

REBOLLEDO Según tú, esto tenía que ser la calle...

ORBEGOZO Sí... (*Saca un arrugado plano del bolsillo.*) El contenedor de basura del ala este, para ser exactos.

REBOLLEDO ¿Te parece que estamos en un contenedor? ¿Eh?

ORBEGOZO Chico… No te sé decir… Está muy limpio…

REBOLLEDO Claro. Y de este tamaño, el contenedor ¿de quién es? ¿De King Kong?

ORBEGOZO De acuerdo con el plano…

REBOLLEDO Un mojón para el plano. Ese plano no vale de nada.

ORBEGOZO ¡Hombre! Me ha costado cinco paquetes de cigarrillos… Dijeron que estaba garantizado…

REBOLLEDO Garantizado para joderte… Y joderme a mí de paso, que es peor.

ORBEGOZO Me merecieron confianza…

REBOLLEDO Después, el tonto soy yo… O sea, que unos presos tienen un plano infalible para fugarse, y te lo dan a ti a cambio de cinco cajetillas de tabaco… ¿No te parece raro?

ORBEGOZO El trato fue ese…

REBOLLEDO Pues te has quedado sin el tabaco… Y ya ves cómo estamos.

ORBEGOZO Incomprensible… Hemos seguido paso a paso lo que dice…

REBOLLEDO Porque lo que dice ese papel es una mierda soberana. Se lo habrán inventado y dibujado a lápiz…

ORBEGOZO No, no. Está impreso…

REBOLLEDO ¡Pues les saldría en un bollicao! ¡Cojones!

ORBEGOZO ¿Tú crees que nos han tomado el pelo…?

REBOLLEDO El de la cabeza, el de los sobacos y hasta el de los huevos. El lote completo.

ORBEGOZO Parecían de fiar y saber de qué hablaban…

REBOLLEDO Lo mismo han timado ya a más capullos como tú y se saben de memoria el rollo que te han soltado… En cuanto a lo de fiar…

ORBEGOZO Salgamos de aquí cuanto antes.

REBOLLEDO ¿Por dónde? ¿Por el conducto del techo?

ORBEGOZO ¡Ostras! Es verdad… ¿Qué hacemos?

REBOLLEDO ¿A mí me lo vas a preguntar…?

ORBEGOZO Si nos pillan aquí, nos dejarán más tiempo en el trullo…

REBOLLEDO ¿Sabemos dónde estamos? ¿Siquiera una repajolera idea remota?

ORBEGOZO Er... Para ser honestos... Más bien no.

REBOLLEDO Exacto. Lo que me figuraba. Más bien no.

ORBEGOZO ¿Entonces?

(*Pausa. Se miran en silencio y, de forma repentina y simultánea.*)

REBOLLEDO ¡¡¡Socorro!!! ¡Sáquennos de aquí!

ORBEGOZO ¡Ayuda! ¡Por favor!

Oscuro.

Disco 68

ORBEGOZO *y* REBOLLEDO *acaban de salir de prisión.* ORBEGOZO *lleva un periódico nuevecito.*

ORBEGOZO Ya podemos respirar a nuestras anchas…

REBOLLEDO Sí. Menos mal que se aclaró lo de la isla asquerosa…

ORBEGOZO Tú y tus ganas de conocer mundo…

REBOLLEDO Nos han retenido más tiempo por intento frustrado de fuga, gracias a tus magistrales planos…

ORBEGOZO Dejemos eso ahora. Es momento de disfrutar la libertad.

REBOLLEDO ¿Tu concepto de disfrutar consiste en comprar un periódico?

ORBEGOZO No, burro.

REBOLLEDO Lo primero que has hecho. Salir y…

ORBEGOZO Claro. ¿Cuánto hemos pasado en el talego?

REBOLLEDO Cinco meses, dos días y hora y media.

Orbegozo ¿Lo has contado?

Rebolledo No. Lo he calculado con una maquinita japonesa... ¡Claro que sí! ¿Qué iba a...?

Orbegozo El caso es que durante esos cinco meses...

Rebolledo Dos días y hora y media...

Orbegozo En el mundo, en la calle, en la vida normal habrá habido cambios...

Rebolledo Seguro.

Orbegozo ¿Cuál es la manera más rápida de enterarnos de lo que está distinto?

Rebolledo Coño, coño... Míralo...

Orbegozo El diario.

Rebolledo Sí, sí, te he captado al vuelo.

Orbegozo Vamos a ver qué nos cuenta...

(Pasan páginas, que ojean casi cabeza con cabeza. Recitan parte de lo que ven.)

Rebolledo El presidente del gobierno sigue en la poltrona...

Orbegozo Más recortes en sanidad, cultura y educación...

REBOLLEDO Muertos en carretera... Víctimas de violencia de género...

ORBEGOZO Pateras y negros que vienen y los devuelven... A los que no se escapan...

REBOLLEDO Huelga de controladores aéreos...

ORBEGOZO Y de los de la basura...

REBOLLEDO Debates sobre si dejar o quitar una estatua de un ferroviario que fue amigo de un primo de un concuñado de la tía de la mujer de Franco...

ORBEGOZO El Trump con sus jodiendas...

REBOLLEDO Y el cerdito coreano con las suyas...

ORBEGOZO El Barcelona gana la liga...

REBOLLEDO Peleas de famosillos de mierda frita en la tele...

(Se miran, no sin desconcierto.)

ORBEGOZO Está todo igual.

REBOLLEDO Lo mismito. No nos hemos perdido nada.

ORBEGOZO Vaya una mierda. (*Arruga el periódico y lo tira.*) Tenía la esperanza de...

REBOLLEDO Yo me imaginaba algo así. ¿No ves que mientras los de siempre tengan la sartén por el mango…?

ORBEGOZO Sí, siempre igual.

REBOLLEDO Pero… ¿Sabes que vamos a hacer tú y yo?

ORBEGOZO ¿Qué?

REBOLLEDO Ir a soplarnos unas birras para celebrarlo…

ORBEGOZO Para celebrar ¿qué? ¿Qué todo siga lo mismo?

REBOLLEDO Es que no todo sigue… Chaval, que ya no estamos en la trena…

ORBEGOZO ¡Coño! ¡A celebrarlo!

REBOLLEDO Lo que decía…

ORBEGOZO ¿Adónde vamos?

REBOLLEDO Al primer bar que pillemos… No vamos a andarnos con chorradas en un momento así…

ORBEGOZO No, no…

REBOLLEDO Allí, apalancados, con unas cervecitas frescas, ya planeamos…

Oscuro.

Disco 70

ORBEGOZO (*Gesto de demanda.*) Un cigarro…

REBOLLEDO Jopé… Siempre dando, ¿eh?

ORBEGOZO Se me ha acabado… ¿Qué hago, espero a que demos con el Lupiáñez?

REBOLLEDO Ya, ya…

ORBEGOZO Si no los sacaras encendidos…

REBOLLEDO Toma y cállate un poquito.

ORBEGOZO Es que te pones…

REBOLLEDO Te lo he dicho novecientas setenta veces… Que el tabaco está por las nubes.

ORBEGOZO Vaya… Toca cantinela.

REBOLLEDO ¿No o qué?

ORBEGOZO Sí, si no te llevo la contraria… Pero es que es como todo… Mira, por ejemplo, la electricidad…

REBOLLEDO ¿Qué le pasa a la electricidad?

ORBEGOZO ¿Cuánto has pagado en la última factura?

REBOLLEDO Bueno... Como tengo la luz enganchada de una farola de la calle...

ORBEGOZO Da igual. Ya me entiendes. ¿Por cuánto sale tener electricidad?

REBOLLEDO Por un ojo de la cara y la yema del otro.

ORBEGOZO A eso me refería... Se paga a precio de lujo, cuando es una necesidad.

REBOLLEDO Sin luz, no se puede vivir ya...

ORBEGOZO Y el agua, ídem de ídem... Que si desalinización, que si tratamiento, que si impuestos, que si IVA...

REBOLLEDO Lo que menos se paga es el agua, en verdad.

ORBEGOZO Y son artículos imprescindibles, no pijadas...

REBOLLEDO Si no pagaran los sueldazos que dan a los peces gordos que tienen enchufados ahí...

ORBEGOZO Empezando por expresidentes del gobierno... Es una auténtica vergüenza.

REBOLLEDO Y los estudios, lo mismo. Mi sobrino Anselmo lo tendrá que dejar...

ORBEGOZO Pero ¿la educación no era gratis?

REBOLLEDO Hasta los dieciseis sí... Ya ha cumplido los diecisiete.

ORBEGOZO Al chaval le iba bien...

REBOLLEDO Ya te digo... No era de todo sobresaliente, pero sacaba buenas notas en todo...

ORBEGOZO Que siga estudiando, coño... No le quitéis la ilusión...

REBOLLEDO No puede. En bachillerato les hacen pagarse los libros... Y no veas lo que cuestan.

ORBEGOZO ¿Tanto?

REBOLLEDO Jodó... Y más. Y tienen que comprar bastantes... Como diez o doce... A treinta y tantos o cuarenta pavos cada uno...

ORBEGOZO ¡Qué barbaridad!

REBOLLEDO Así que cuando toque...

ORBEGOZO Oye, oye... Estoy pensando...

REBOLLEDO ¿Qué?

ORBEGOZO Por ahí hay una librería...

REBOLLEDO Sí, al lado de la tienda de móviles...

ORBEGOZO Y tendrán los libros que necesita tu sobrino...

REBOLLEDO Natural... Pero ¿qué te ronda por la cabeza? ¿Comprárselos tú?

ORBEGOZO Estás pirado. ¿Me ha tocado el gordo de la lotería, acaso?

REBOLLEDO Ya me parecía...

ORBEGOZO Nos los llevamos de estranjis.

REBOLLEDO ¿Mangados?

ORBEGOZO Mangados... ¿Se te ocurre otra idea mejor?

REBOLLEDO No... Ahora que lo dices... Y si nos pillan, y se ponen farrucos, les arrimamos tres hostias...

ORBEGOZO Anda, llama al chico, y que te diga qué libros necesita...

REBOLLEDO Sí, porque si son del año pasado ya no valen...

Oscuro.

Disco 72

ORBEGOZO Y el muy pánfilo cayó de lleno.

REBOLLEDO Ese truco es más viejo que el tebeo.

ORBEGOZO Todos. Los remozan, les cambian cuatro cosillas, pero las trampas, en sí mismas, no varían.

REBOLLEDO Anteayer estuve con Saray la gitana, tomando unas cañas y me contó... Ja, ja, ja... Como ya está mayor para puta, ha ideado un sistema de ganarse la vida.

ORBEGOZO Creo que lo conozco.

REBOLLEDO ¿Ah, si? ¿Cómo es, enterado?

ORBEGOZO Muy fácil... Por la noche, se va a la zona de bares de copas... Siempre hay un «palomo» que, además de tener pasta, lleva una toña del copón...

REBOLLEDO Hasta ahora vas bien.

ORBEGOZO La tía se le acerca y se pone a hablar con él... Jijí, jajá... Un rato de palique y hace como que el capullo la ha conquistado...

Rebolledo Cabal.

Orbegozo Que si se deja tocar una teta un poco, que si un piquito... Y le dice de irse a un sitio a echar un polvo.

Rebolledo Y el soplapollas, cae como el pardillo que es.

Orbegozo Exacto. Lo que no sabe es que la mujer lo lleva por sitios ya estudiados donde no suele haber nadie... Excepto el maromo de la tía que espera escondido... Cuando pasan por allí, lo trincan entre los dos, le dan un par de hostias, lo limpian de todo lo que valga la pena... Y a correr.

Rebolledo Ja, ja, ja.

Orbegozo ¿Qué? ¿Lo sabía o no?

Rebolledo Pues casi... Pero no.

Orbegozo Bueno, esto no me lo contó Saray...

Rebolledo Ella se lo monta algo más sofisticado.

Orbegozo A ver...

Rebolledo La entrada es más o menos la misma... Bueno, la entrada y lo que sigue.

Orbegozo ¿Y?

REBOLLEDO Lo distinto es que no se hace nada en la calle. (*Pausa.*) Una vez que tiene al merluzo enganchado en el anzuelo, se lo lleva a una habitación de un sitio donde la conocen, pero que fingen como si no… Un hostal, un hotel pequeño…

ORBEGOZO Sí.

REBOLLEDO Llegan… Si acaso, ella se empieza a despelotar… Y le pide algo al pasmao…

ORBEGOZO ¿Algo?

REBOLLEDO Sí. Que tiene capricho de champán, o usar un condón determinado… Como lo tienen todo investigado, sabe que muy cerca de donde están venden, lo que sea que le pide. Se lo dice al gili echándole teatro… Que si no, se le corta el rollo y tal… Y el pringado, con el calentón, sale a toda hostia a buscarlo.

ORBEGOZO Como haríamos todos…

REBOLLEDO En eso, ella llama al Chema, o al socio que tenga en ese momento, que está a la espera. Este llega y se esconde en el armario o en el cuarto de baño.

ORBEGOZO ¿Montan un trío?

REBOLLEDO ¡Qué trío ni trío! Cuando regresa el tonto con el champán o los condones o lo que toque, ella se pone muy melosa... Se desnudan... Se acuestan en la cama, con caricitas y tal... Siempre sin llegar a hacer nada pero que lo parezca.

ORBEGOZO Ya veo por donde vas...

REBOLLEDO Entonces el cómplice sale de su escondite... Si lleva cámara, con la cámara. Sino, con el móvil... Chas, chas, chas... Fotos del tío con la otra en la piltra, en pelota viva.

ORBEGOZO Jo, jo, jo.

REBOLLEDO Y les endiña lo que le pidan o le llevan el reportaje a la parienta o a la prensa, según interese.

ORBEGOZO No está mal discurrido, no...

REBOLLEDO Y como lo tienen trincado por los huevos, si quieren más, de vez en cuando lo visitan, y el imbécil les sigue soltando billetes...

ORBEGOZO Uy, mira... Una anciana desvalida...

REBOLLEDO ¿Qué hará por estos andurriales? Y con la hora que es...

ORBEGOZO Qué contenta se la ve... Y ha salido del bingo, me parece...

REBOLLEDO Sí.

ORBEGOZO Espérate un momento. (*Sale por un lado.*) Oiga, señora...

REBOLLEDO Tranquilo, no voy a ir a ninguna parte. (*Del lateral proceden sonidos de pelea y algún gritillo ahogado.*) Ja, ja, ja... No veas la momia cómo se aferra al bolso... (Pausa.) Ya está. El golpe en la nuca de toda la vida y angelitos al cielo.

ORBEGOZO (*Vuelve por donde salió, con un bolso en las manos.*) Ea, a sobarla un rato.

REBOLLEDO Mira que eres... Hacerte una vieja... A tu edad...

ORBEGOZO Qué coño... ¿Ves? (*Le muestra billetes que saca del bolso.*) ¿Qué? ¿Eh?

REBOLLEDO No, si está bien... Casi siempre trae cuenta pillar a una abuelita...

ORBEGOZO Así no se gasta más pasta en el bingo.

(*Lanza el bolso hacia donde se supone que está la anciana.*)

REBOLLEDO En un tiempo, por lo menos...

ORBEGOZO Lo tendrá que invertir en mercromina y vendas...

REBOLLEDO Mírala, pobrecilla...

ORBEGOZO Que la den por culo... Que no vayan provocando.

REBOLLEDO Si te la has cargado...

ORBEGOZO ¡Qué va! Esa gente aguanta más de lo que parece. Resisten tela...

REBOLLEDO ¿Nos largamos?

ORBEGOZO Casi mejor... (*Cambio.*) ¿Ves? Esto confirma lo que decíamos antes... Los trucos y las trampas clásicos funcionan siempre.

REBOLLEDO Y sin necesidad de arriegar a que la víctima se rebote y te meta un galletón, como le puede pasar a la gitana... O te denuncie... Que habrá gente capaz...

ORBEGOZO Claro. Esto ha de ser así... Zas-zas, visto y no visto... Y a otra cosa, mariposa.

REBOLLEDO ¿Dónde vamos?

ORBEGOZO A pulirnos esto, que mañana es fiesta y no hay que madrugar...

Oscuro.

Disco 74

Proyección en foro de sucesión de fuegos artificiales. Muy nítidos, muy cercanos. Parece que estamos dentro de ellos. Orbegozo *y* Rebolledo *los contemplan. Continúan los efectos pirotécnicos durante unos minutos. Vuelve el silencio y una iluminación normal.*

Orbegozo Bueno… Tanta parafernalia y tanta historia… Y esta mierda de pastillas es de lo más corriente.

Rebolledo Mal no están…

Orbegozo No, pero tampoco cumplen las expectativas.

Rebolledo ¿Otra?

Orbegozo ¿Para qué? Además, tengo entendido que crean una adicción del copón bendito…

Rebolledo Puede ser… Y si te acostumbras, pierde la gracia.

Orbegozo Aunque, bien mirado… ¡Qué coño! Venga, trae…

REBOLLEDO Ya decía yo...

(*Busca en el bolsillo y saca una bolsita con píldoras.*)

ORBEGOZO ¿Sabes? Estoy pensando... Creo que voy a construir una pajarera.

REBOLLEDO ¿Qué?

ORBEGOZO Sí. Una pajarera... En el hueco de al lado del aparcamiento...

REBOLLEDO Bueno... Hay a quien le da por chupar candados...

ORBEGOZO Ha sido una inspiración repentina...

Oscuro.

Disco 79

REBOLLEDO *en una mesa de la terraza de un bar, bebe con tranquilidad una cerveza. Le suena el móvil. Atiende la llamada.*

REBOLLEDO Diga.

ORBEGOZO (*Voz en off.*) Oye…

REBOLLEDO Dime.

ORBEGOZO (*Voz en off.*) ¿No quedamos para ahora?

REBOLLEDO ¿Quedar? (*Gesto de que le trae al fresco.*) Ah, ¿si? Pues no sabes cómo lo siento, pero no va a poder ser, ¿eh?

ORBEGOZO (*Voz en off.*) ¡Coño, Rebolledo! Prometiste ayudarme a comprar y traer los materiales para la pajarera… Y ya llevas tres días dándome largas.

REBOLLEDO Chico, ¿qué quieres que te diga? Cuando no puede ser, pues no puede ser.

ORBEGOZO (*Voz en off.*) Vente para acá y déjate de rollos.

REBOLLEDO No… No, imposible. Ahora no puedo.

ORBEGOZO (*Voz en off.*) Vaya por dios… Milagro sería…

REBOLLEDO En serio. Imposible del todo.

ORBEGOZO (*Voz en off.*) ¿Y eso porqué?

REBOLLEDO Porque… Verás… No te he dicho nada para no alarmarte… Es mi sobrino… Que se ha pegado un hostión con la moto…

ORBEGOZO (*Voz en off.*) ¡No me digas!

REBOLLEDO Te lo digo, te lo digo…

ORBEGOZO (*Voz en off.*) ¿Y está muy mal?

REBOLLEDO Bueno… Tampoco es que se vaya a morir por esto… Pero bien no está… Le duele mucho…

ORBEGOZO (*Voz en off.*) Pobrecillo. ¿Cómo ha sido?

REBOLLEDO Pues… Nada, yendo cerca de la catedral, un capullo que se saltó un ceda el paso…

ORBEGOZO (*Voz en off.*) Y se lo llevó por delante…

REBOLLEDO No. Lo pudo esquivar, pero se estampó contra una pared.

ORBEGOZO (*Voz en off.*) Tch…

REBOLLEDO La moto, para el desguace… Y él, aquí, en el hospital.

ORBEGOZO (*Voz en off.*) Ah… Que tú estás en el hospital…

REBOLLEDO Mi hermana ha pasado la noche aquí, pero tenía que ir a currar, y no ha querido dejar a este solo, así que me ha llamado.

ORBEGOZO (*Voz en off.*) Ha hecho lo correcto.

REBOLLEDO Se ha ido hace un rato… Día y medio por lo menos se ha tirado aquí.

ORBEGOZO (*Voz en off.*) Es que no hay nada como el amor de una madre…

REBOLLEDO Y que lo digas.

ORBEGOZO (*Voz en off.*) Claro… Así, estás ahí y no te puedes mover… Junto a tu sobrino…

REBOLLEDO *Eco li qua.*

ORBEGOZO (*Entra en escena, sin parar de hablar por el móvil, a espaldas de* REBOLLEDO, *quien no repara en él.* ORBEGOZO, *con intención, se le aproxima despacio.*) Me parece de lo más curioso.

REBOLLEDO ¿El qué?

ORBEGOZO Bueno... Básicamente, que me acabo de cruzar con tu sobrino...

REBOLLEDO ¿Qué?

ORBEGOZO Iba a coger la moto... En muy buen estado como para llevarla al desguace.

REBOLLEDO Er...

ORBEGOZO Y él... Tan fresco como una lechuga.

REBOLLEDO ¡Milagro! ¡Se ha producido un milagro! (*Empieza a emitrir sonidos por la boca y simular que se entrecorta la conversación.*) Fiiiiiiiuuu... Shiiiiiii... ¡Oye! Cccccrrrrrr... Wiiiiiiiiiiii. Shhhhhhhh... Que pare... Fuuuuuuooooo... Se corta... Fiiiiiii... Crrrrrtch... Pffffffffff... Nada, no se oye... Fsssshhhhhh... Yyyiiiiiii.

(ORBEGOZO *le da un pescozón, para sorpresa de* REBOLLEDO.)

ORBEGOZO Precisamente ha sido él quien me ha dicho que te acababa de ver aquí.

REBOLLEDO Ah... Hola...

ORBEGOZO Qué jeta... ¡Milagro!... Y venga a soltar paridas y a hacer ruidos...

REBOLLEDO Es chungo eso de venir por detrás de uno, escuchar lo que dice y darle un susto.

ORBEGOZO ¿Has pagado la cerveza?

REBOLLEDO Sí.

ORBEGOZO (*La coge y la apura de un sorbo.*) Hala, tira para el coche…

REBOLLEDO Vale… Pero voy porque soy buena gente y…

ORBEGOZO Ya, ya. Tira… Tira…

Oscuro.

Disco 81

REBOLLEDO *sentado en el suelo. Viene* ORBEGOZO *y se sienta a su lado.*

ORBEGOZO Voy a descansar un rato...

REBOLLEDO Sí porque llevas trabajando... (*Consulta el reloj de pulsera.*) Cinco minutos seguidos.

ORBEGOZO Déjate de coñas.

REBOLLEDO Y eso que te ha dado fuerte, la chorrada esa de la pajarera...

ORBEGOZO No me jodas... Después de lo que me he gastado en materiales...

REBOLLEDO Lo sé... No veas que forma más imbécil de tirar la pasta. Habérmela dado a mí...

ORBEGOZO Un mojón, te voy a dar a ti.

REBOLLEDO Vale, vale.

ORBEGOZO Si es que todo vale una pasta gansa...

REBOLLEDO Y que lo digas.

ORBEGOZO Eso, desde que empezaron con la mierda jodida del euro de los huevos.

REBOLLEDO Cómo lo sabes... Lo pusieron obligado... Y ahora...

ORBEGOZO Todo vale, como mínimo, cuatro veces lo de antes.

REBOLLEDO O más.

ORBEGOZO Aparte de que el dinero no es lo que era... Antes tenías, por poner, un millón de pesetas y eras un rey...

REBOLLEDO Madre mía... ¡Un millón! Te venía a recoger a casa el director del banco en su coche particular...

ORBEGOZO Porque se apreciaba el valor real de las cosas... Ahora, todo es carísimo y mucho peor.

REBOLLEDO Joder... Todo. Mira, por ejemplo, el tabaco... Antes, por veinticinco «pelas» comprabas un paquete de rubio en el estanco...

ORBEGOZO Y por veinte, de negro.

REBOLLEDO Y las bebidas... Treinta «pelas» por una birra, ya era un sitio de postín...

ORBEGOZO Todo, todo... Los libros. Antes, una novedad, mil o mil quinientas. Dos mil si era gordo...

REBOLLEDO Libros...

ORBEGOZO Ahora, cualquier bodrio no baja de los veinte leuros... Que son más de tres mil púas...

REBOLLEDO ¿Cuándo has comprado libros tú?

ORBEGOZO Mira el listo... Pues siempre... No soy tan cebollo como tú, carapapa.

REBOLLEDO Sí, sí... Ya te veo siempre leyendo, ya...

ORBEGOZO Joder... Lo hago en mi casa... Antes de dormir... Cuando voy a cagar... ¡Y se ha acabado el tema! ¡Coño ya!

REBOLLEDO No pasa nada, tranqui, colega...

ORBEGOZO Es que me soliviantas... (*Pausa.*)

REBOLLEDO Recuerdo un bar... Cerca del mercado central... La Sebastiana, se llamaba... Por trescientas pelas te ponían un menú que no eras capaz de terminarlo.

ORBEGOZO Ya...

REBOLLEDO Con pan, bebida y postre...

ORBEGOZO Para comer bien y barato, Los Tres Faroles... No me he zampado allí entrecots ni nada...

REBOLLEDO No lo conozco.

ORBEGOZO Mejor y menos caro que el tuyo. Doscientas cincuenta... Y podías elegir de todo, ¿eh? Codillo, lubina, rape, solomillo... Lo cerraron porque se jubilaron los dueños...

REBOLLEDO ¿Y porqué tiene que superar al que digo yo?

ORBEGOZO Porque sí, porque lo supera.

REBOLLEDO ¿Fuiste alguna vez a La Sebastiana?

ORBEGOZO Ni falta que me hace... Yo sé lo que digo...

REBOLLEDO Bueno, vale... ¿Y El perchero?

ORBEGOZO ¿Eso qué es?

REBOLLEDO Jo... Que qué es, pregunta... Un mesón divino de la muerte, detrás de la estación...

ORBEGOZO No sé, no caigo...

REBOLLEDO La virgen, lo que era aquello... Entremeses, primeros platos y segundos de primera calidad, dos bebidas, café... Por cuarenta duros.

ORBEGOZO ¿Ah, sí?

REBOLLEDO Como te lo estoy diciendo.

ORBEGOZO Estaría bien...

REBOLLEDO Y tan bien...

ORBEGOZO Pero peor que El Carabinero…

REBOLLEDO Ya estamos.

ORBEGOZO Nada más entrar, su caviaaaar, sus canapéééés de todas clases, su jamóóóón de pata neeegra…

REBOLLEDO ¿Y endivias con roquefort?

ORBEGOZO También, también. La comida, de primera… Y te la servía un camarero que estaba pendiente nada más de lo que quisieras, pegado a la mesa, por detrás para no molestar… Ciento cincuenta pesetas el comensal.

REBOLLEDO Jodó… Sí que era barato…

ORBEGOZO Para que veas.

REBOLLEDO Claro que… Donde se ponga La taberna de Gregorio…

ORBEGOZO Una taberna…

REBOLLEDO Sí, pero no veas que taberna… Ponían todo lo que has dicho… Y siempre, a todas horas, música en directo… Flamenco, baladas, instrumentales de piano o violín…

ORBEGOZO En la taberna…

REBOLLEDO Y por veinte duros.

ORBEGOZO Ah. (*Pausa.*) Sí, sí... El sitio mejor, con diferencia, y que costaba menos que he conocido era El Bistró de Juani... Te servía, uno tras otro, hasta trece platos... Regados por los mejores vinos... Y amenizado todo por artistas internacionales... Tom Jones, Michael Jackson... Sinatra cantó una vez también, me parece recordar...

REBOLLEDO Sinatra...

ORBEGOZO También españoles... Pero no los musiquillos esos de ahora... Naaaa... Raphael, Julio Iglesias, y gente así.

REBOLLEDO Qué bueno...

ORBEGOZO No tenía desperdicio. Y todo por ochenta y cinco pesetas.

REBOLLEDO ¡Uy! Ochenta y cinco pesetas...

ORBEGOZO ¿Qué pasa?

REBOLLEDO Por setenta y cinco tenías lo mismo en el Rigol... Y mientras comías, te llevaban la chaqueta a la tintorería y te limpiaban los zapatos... Todo incluido en el precio.

ORBEGOZO Paparruchas... Bueno, estaba bien... Pero en Casa Alonso tenían todo eso y, al final, hacían una rifa y le daban un jamón de Jabugo al ganador... Sesenta pelas.

REBOLLEDO Vale... El Rincón de los poetas era el no va más...

ORBEGOZO ¿Qué hacían? ¿Te pagaban por ir a comer los más delicosos manjares? No me creo nada.

REBOLLEDO ¿Y yo a ti sí? No te digo lo que hay... Que sortean un jamón...

ORBEGOZO Bien... Tal vez me haya pasado un pelín... Y tú también, reconócelo.

REBOLLEDO Sí, yo también.

ORBEGOZO Nos hemos calentado el pico y...

REBOLLEDO Pero el caso... Antes todo era mucho mejor y más económico.

ORBEGOZO Ni lo dudes.

REBOLLEDO (*Suspira.*) Aaaayyy...

ORBEGOZO (*Lo mismo.*) Sííí... (*Pausa. Cambio.*) Y venga, arrima el hombro a ver si podemos levantar la puta pajarera de una santa vez...

REBOLLEDO O sea, me tengo que poner yo a currar también, ¿no?

ORBEGOZO Sí, en efecto.

REBOLLEDO Jopé. Siempre me toca pringar a mí…

Oscuro.

Disco 87

Orbegozo *en el hospital. Está encamado, cubierto con la sábana hasta el cuello. A su derecha, gotero, cables conectados a una pantalla y la parafernalia hospitalaria habitual. A su izquierda, nada. La cama es ancha. Entra* Rebolledo.

Rebolledo Me cago en tu padre, Orbegozo.

Orbegozo Hola. Yo también me alegro de verte.

Rebolledo Eres un cabronazo... Así que era aquí donde venías cuando te escaqueabas...

Orbegozo Bueno... Aquí exactamente no. Venía a ver al médico, que está tres plantas más abajo... Hasta que me ingresaron...

Rebolledo ¿Cómo no me dijiste nada? Una semana desaparecido en combate, yo preocupado...

Orbegozo (*Gesto de dolor, que se repetirá con frecuencia a lo largo del momento.*) ¡Ay! Un momento... ¿Para qué te lo iba a contar? ¿Me ibas a curar acaso?

REBOLLEDO No, eso no... Coño, pero a mí... Que soy yo...

ORBEGOZO Me muero, Rebolledo...

REBOLLEDO No digas tonterías. Te he traido cigarrillos...

ORBEGOZO Es de verdad... Empino el zapato...

REBOLLEDO Cojones...

ORBEGOZO Pero no acabo de palmarla, y no veas los dolores...

REBOLLEDO ¿Muchos?

ORBEGOZO Todos.

REBOLLEDO ¿Fuertes?

ORBEGOZO Insufribles... ¡Ay, ay, ay!

REBOLLEDO Vaya una mierda.

ORBEGOZO No tengo solución, estoy muy mal... Hay cadáveres en mejor estado que yo... Pero hasta que la espiche...

REBOLLEDO Lo siento, colega

ORBEGOZO Me duele respirar... Me duele tragar saliva... Me duele moverme... Me duele estarme quieto...

Rebolledo Una jodienda buena, sí.

Orbegozo ¡Uuuufff! Casi no puedo comer... Purecitos y yogures... Y duermo fatal... Me despierto rabiando por los dolores... Por eso me han puesto aquí, solo, para que no altere a otro enfermo con mis... ¡¡¡Aaaayyy!!!

Rebolledo ¿No se puede hacer nada?

Orbegozo Bueno..., cierra la puerta.

Rebolledo Está cerrada.

Orbegozo Asegúrate.

Rebolledo (*Sale y entra al instante.*) Cerrada, como dije. Pero hay que dar por saco...

Orbegozo Es que... ¡¡¡Coooñooo!!! ¡Ay!

Rebolledo Tranquilo.

Orbegozo Es que no veas.

Rebolledo Sí que te duele, carajo.

Orbegozo Te voy a pedir un favor... Solo tú lo puedes hacer.

Rebolledo Si está en mi mano.

ORBEGOZO ¡Ay! Es que no puedo, ¿eh?, ni la morfina me hace efecto ya.

REBOLLEDO Pasará, ya lo verás.

ORBEGOZO ¡Qué coño! Irá a peor... Vendrán días de tormento...

REBOLLEDO Sght...

ORBEGOZO A lo que iba, la pajarera está terminada, ¿no?

REBOLLEDO Tócate los cojones... La pajarera de los huevos... Te ha dado fuerte con la puñeta esa.

ORBEGOZO ¿Sí o no?

REBOLLEDO Sííí... Tiene pájaros dentro y todo. Canarios, jilgueros... Los trae la gente del barrio.

ORBEGOZO Eso está bien... ¡Uy, uy, uy! Al menos, me recordarán por algo bueno.

REBOLLEDO Anda que...

ORBEGOZO Mira Rebolledo... No queda nada por hacer...

REBOLLEDO Bueno...

ORBEGOZO Nada más que padecer durante los cuatro cinco telediarios que me queden.

REBOLLEDO No digas eso.

ORBEGOZO Y, la verdad, no quiero. No me queda espíritu para aguantarlo.

REBOLLEDO ¿Y que piensas hacer?

ORBEGOZO ¡Ay! Me cago en todo... Eres mi mejor amigo... El único...

REBOLLEDO No tanto... Están los de la peña y...

ORBEGOZO Déjate de polladas. Y no me interrumpas, que me dan dolores si hablo más.

REBOLLEDO Perdona.

ORBEGOZO Entra ahí y mira en el bolsillo de atrás de mi pantalón.

REBOLLEDO ¿Qué...?

ORBEGOZO Hazlo, joder.

REBOLLEDO (*Sale. Desde fuera.*) Un resguardo de la loto...

ORBEGOZO Eso no, merluzo.

REBOLLEDO (*En off.*) Una bolsita con pastillas...

ORBEGOZO ¡Esas! Tráelas.

REBOLLEDO (*Regresa con la bolsa en la mano.*) Parecen juanolas...

ORBEGOZO Pues no son juanolas. (*Pausa.*) ¿Tú has visto en las pelis que cuando envenenan a alguien lo hacen con cianuro y caen fulminados?

REBOLLEDO Claro.

ORBEGOZO Estas pastillas no son eso…

REBOLLEDO La madre que me parió.

ORBEGOZO Van mejor, para el caso… Te tomas dos y te duermes en segundos… Y poco a poco, sin enterarte, va dejando de funcionar todo el cuerpo…

REBOLLEDO ¡Ah, qué interesante! Entonces, voy corriendo a dejarlas donde estaban, no sea que se pierdan.

ORBEGOZO Calla y ven… ¡Ay!

REBOLLEDO No me estarás pidiendo…

ORBEGOZO Exacto.

REBOLLEDO ¡Un mojón! ¿Tú estás tonto?

ORBEGOZO Yo no puedo… No me veo capaz…

REBOLLEDO Pues te jodes y bailas. No me tienes que enredar a mí.

ORBEGOZO Por favor, ¿no ves cómo sufro?

REBOLLEDO Sí, lo veo... Pero es que es muy gordo...

ORBEGOZO Te lo ruego... Eres mi amigo y... ¡¡Aaaayyyy!!

REBOLLEDO Mejor me piro de aquí.

ORBEGOZO No me hagas suplicarte.

REBOLLEDO ¿Llamo a una enfermera o un doctor o alguien? Porque vaya...

ORBEGOZO Tú solo me pones dos pastillitas de esas en la boca y me das un poco de agua. Nada más.

REBOLLEDO ¡Joder! ¡Y nada menos!

ORBEGOZO Me quedaré roque... y ya está.

REBOLLEDO No sé cómo puedes pedirme eso.

ORBEGOZO Porque eres el único que lo haría... Y que lo vas a hacer.

REBOLLEDO No me jodas.

ORBEGOZO Venga, déjate de rollos. Dos pastillas.

REBOLLEDO Cágate, lorito...

ORBEGOZO Por si una no es suficiente... Y más tampoco, no sea que las vomite.

REBOLLEDO Maldita sea mi estampa. Si hay que hacerlo... (*Saca las pastillas y se las da.*) ¡Hala! Dos pastillas... (*Coge el vaso de agua, se lo acerca para que beba.*) El agüita... No me puedo creer que esté haciendo esto...

ORBEGOZO ¿Ves qué fácil? Ya está.

REBOLLEDO La leche que te han dado, fácil...

ORBEGOZO Muchas gracias, Rebolledo. Has hecho lo mejor...

(*Se relaja, a ojos vista, hasta quedar dormido.*)

REBOLLEDO Lo mejor para ti, quizás, porque lo que es para mí... Me cago en la puta. Eres mi amigo... O lo más parecido a eso que conozco... Porque tienes tela, caballero. (*Pausa.*) Ahora te vas, y me dejas solo. ¿Qué voy a hacer sin ti? Aparte... A ver si se percatan del veneno ese y me forman el taco. Que me acuerdo yo de algún caso... Pero eso es lo de menos... ¿Me puedes decir qué hago? ¿Dónde voy a ir, por ahí, sin nadie? ¿Con quién hablar, compartir batallitas y pensamientos? Eres un egoista y un cabrón. Que te duele, que te duele. ¡Pues te aguantas! Pero no me dejas a mí colgado. ¡Joder! Vaya una mierda. Siempre juntos... Orbegozo y Rebolledo. O Rebolledo y Orbegozo... Y menos mal que no somos de la cáscara amarga, que si no... Aunque tampoco. Yo tengo buen gusto. Parecíamos una pareja de hecho. O, mejor, de desecho, porque... Y ahora ¿qué? Me verán y me preguntarán... A ver cómo les digo... Y que te he matado yo, hermano. Con estas píldoras de mierda... Aunque no lo comprendan... Eso me trae al pairo. Lo jodido soy yo... Sin nadie, sin cosas que hacer, sin sitios donde ir... Y con la conciencia culpable, porque quieras que no... (*Transición y cambio. Decidido.*) ¿Sabes qué? ¡Que le den por culo a todo!... Échate para allá ... (*Empuja a* ORBEGOZO *para hacerse sitio en la cama. Se descalza y se tumba a la izquierda de su amigo.*) Así... Y ahora... (*Coge el vaso de agua, saca dos píldoras y se las toma, acompñadas por un sorbo de agua.*) Ea... A mamarla, a Parla. Espérame, mamonazo, que voy contigo.

(Todo se apenumbra y, de forma paulatina, queda en total oscuridad. Sólo se oye el pitido de la máquina, intermitente en inicio, fijo después...)

MÁQUINA Pi-pi-pi-pi-pi-piiiiiiiiiiiiiiii

Oscuro.

Disco 88
(o colofón apoteósico.)

Se mantiene el irritante pitido, que cesa de repente… Unos segundos y… Se ilumina la escena con luz intensa y alegre. Colorines y motivos agradables proyectados en foro. Sobre escena, desapareció la cama y todo rastro de hospital. ORBEGOZO *y* REBOLLEDO, *con su indumentaria habitual y con gran alborozo, cantan y bailan un tema alegre, simpático*[3]*… Tras un par de minutos del momento musical se hace el...*

Oscuro final.

Málaga, agosto-septiembre, 2018.

---

[3] La canción elegida depende de gustos y capacidades. Algunas sugerencias que se me ocurren: La bamba. Guantanamera. I Feel Good (James Brown). Everybody Needs Somebody (Blues Brothers). Stayin' Alive (Bee Gees). When You're Smiling (Louis Prima)… La idea es transmitir desenfado y diversión al público.

Nota final

Este texto podría catalogarse, con todos derecho y razón, como golfo y canalla, tabernario y callejero, y, por descontado, políticamente incorrecto. Los personajes, los tratamientos, las expresiones... Todo resulta poco amable y complaciente, y, claro está, no claudica ante nada. Cuenta con algo –quizás menos de lo que pueda parecer, o quizás más– de esperpento y mucho de tapia y callejón. Contiene humor y mala leche, en proporción variable según las distintas situaciones... Es que no puede ser de otro modo.

La peripecia y la estructura proceden de mi imaginario, así como la elección de temas y sistemas que se suceden en la trama. Pero no se piense que desvarío, exagero o disparato... Algunos de los planteamientos y razonamientos, en parte o en esencia, los he escuchado... ¿Dónde? Pues en bares y tabernas de barrio. Lugares de solaz para cualquiera, donde todos reciben bienvenida –salvo contumaces metepatas–, en los que se reúne la crema y nata de lo que Joan Manuel Serrat denominó «la aristocracia del barrio», esto es, ínfimas celebridades suburbiales como constructores, dueños de comercios variopintos, chorizos de «pilla y corre», policías –de varios cuerpos– y militares –en activo o retirados–, algún médico o abogado, exfutbolistas, parados, traperos, albañiles, pintores, presidiarios de ida y vuelta, transportistas, ordenanzas de colegios y hospitales, administrativos, chatarreros, delincuentes de medio pelo... Entre todos conforman una fauna peculiar y, en mi opinión, nada carente de interés. En conversaciones y discursos la sensatez se da la mano con el radicalismo más visceral. La información se mezcla con la opinión. No existe la cohibición ni el tabú. El insulto no entraña, salvo raras excepciones, falta de respeto. La lógica que podríamos definir como «común» pierde sus límites y convenciones, y se diluye en la propia y particular del grupo. El individuo potencia su particularidad al tiempo que esta se realza en consonancia con su pertenencia e integración al colectivo. La realidad se reduce, de forma implícita, a aquello que conocen y les queda al alcance. Lo de fuera se rechaza, en praxis de inconformismo activo o, sin más, se ignora. Un microcosmos mínimo, más «micro» que «cosmos», que trata de autogestionarse, y, por encima de todo y a través de ello, sostener la supervivencia de quienes lo componen y mantienen.

Los temas y razonamientos que abordo no los hago míos por necesidad, ni mucho menos, pero me parecen pintorescos y dignos de interés y consideración. Y si bien puedo disentir de la mayoría de las argumentaciones que se suceden en la obra, en no escasas ocasiones creo, con honestidad, que algo de verdad o, al menos, de sentido subyace en ello.

Aludí poco más arriba a la lógica... No se busque un sentido o sentimiento lógico corriente o habitual, porque no existe. Ni en la psicología y la moral de los protagonistas ni en la estructura interna de la pieza. Creo que el DISCO 1, en ese sentido, actúa como una declaración de intenciones. Además de apuntarnos el talante y la condición de los protagonistas, al final del fragmento, justo cuando se hace el oscuro, se producen las dos detonaciones simultáneas... ¿Se matan, como podría parecer? Es evidente que no. Entonces... ¿Fallan las pistolas? ¿Usan balas de fogueo con la única intención de intimidar? ¿Son unos pésimos tiradores y no aciertan en el blanco? No lo sé, ni me parece que tenga importancia. Estamos ante un ejemplo de esa lógica ilógica que aletea por toda la acción... Lógica que, no por diferente, deja de existir. Considero que la coherencia, fundamental, caracteriza toda la propuesta.

Esa misma coherencia que posibilita que una serie de retazos discontínuos aunque sucesivos ofrezcan sensación de totalidad. Hace bastantes años que me ronda en la cabeza la idea de elaborar un texto así... Algo que no es inventado ni inédito, pero tampoco frecuente en exceso. Mencionaré un par de casos muy concretos, los más afines que conozco o recuerdo, entre los que sé que existen. Hace más de veinte años, alrededor de 1994, y con motivo de un ensayo que elaboraba, Ignacio del Moral tuvo la generosidad –al igual que otros autores amigos– de cederme copia de sus textos inéditos. Entre ellos figuraba uno titulado *Páginas arrancadas* del diario de P, que transitaba esas vías fragmentarias. En época más reciente conocí un cómic –mundo que me fascina—titulado *Mickey's Craziest Adventures*, de Lewis Trondheim y Keramidas, consistente en la supuesta recuperación parcial de una historieta larga, publicada décadas atrás en una serie de números de una revista, de la que solo se han encontrado algunas entregas. Estos dos casos, uno teatral, el otro *tebeístico*, utilizan esa técnica. Nada tienen que ver entre sí, ni con respecto a mi texto. Pero los tres comparten el recurso de la fragmentación.

Esta totalidad parcial que es *No me dejes así* podría interpretarse como una metáfora de la España actual, tiempo y ámbito de chorizos, mangantes, corruptos y delincuentes. No sé si estaría del todo de acuerdo con tal afirmación… Pero tampoco lo contrario.

En ese sentido de perspectiva y globalidad totalizadora participa, como elemento esencial, la *Introducción* que inicia el espectáculo: nos contextualiza en un futuro muy lejano –el siglo XXX–, tiempo en el que se ubica el espectador. Este asistirá a una especie de reportaje o documental de nuestro presente vital, o sea, finales del siglo XX o principios del XXI. Tal pirueta cronológica me parece esencial para la colma intelección del texto. Aunque parezca mentira, en el momento de redactar no se repara en antecedentes, por muy cercanos que nos sean, al menos de forma consciente... Pero al releer y corregir, de forma inevitable, algunos vienen a la memoria y se reconocen. A partir de ahí, se determina mantenerlos o se los sustituye o elimina. Yo he optado por lo primero, en tanto resulta vía idónea para el propósito requerido y también como reconocimiento voluntario a ese predecesor. En esto, resulta obligado citar *El tragaluz*, del Maestro Buero Vallejo, que hace cincuenta y un años nos subió a escena a su pareja de investigadores, no siempre apreciados y valorados como merecen, que llevan a cabo el experimento, en época más o menos coetánea a aquella en que se lleva a cabo mi propuesta. Sírvales, al inmenso dramaturgo –y amigo– y a su excelente texto, de justo reconocimiento de deuda y de alguna forma de homenaje. Por mi parte, he optado por un presentador ecléctico, neutral y distante de lo acontece a renglón seguido. ¿Es un ser humano? ¿Un robot? No lo sé. Soy de natural optimista y confío en que en el siglo XXX continuará habiendo seres humanos... Aunque mi optimismo es moderado, pues no albergo dudas de que la humanidad evolucionará, pero sí bastantes reservas respecto a que mejore sobre lo que ya es. Mas nada de eso importa ahora.

El título se lo debo a mi muy querido Manuel Martínez Mediero, inmenso dramaturgo y fabuloso amigo, a quien dedico el texto. Busqué, indagué, probé... Y no me convencía lo que se me ocurría. Él, desde su muy pronta lectura de la obra, me sugirió este título. Sus argumentos y razones me hacen pensar que quizás no haya otro mejor, y, por lo tanto, con él se queda. Gracias, Manolo.

El juego de pirueta o parábola se aplica a otros quebrantamientos, más obvios o más disimulados, del discurso accional, cuyo momento álgido quizás resulte el colofón, contrapunto al dramatismo de la escena previa –que concluye, en puridad, la historia–, cuya finalidad consiste en evitar, mediante lo festivo y jocoso, dejar un mal sabor de boca último.

Nuestros personajes, Orbegozo y Rebolledo, actúan y se expresan de acuerdo con lo que son: granujas, truhanes y canallas. No buscan en modo alguno la identificación ni la complicidad con el público... Ni siquiera saben que existirá, diez siglos después, ni nunca. Son personajes que siguen pautas de una moral heterodoxa, compleja, voluble y siempre en busca del beneficio que sea. Con todo, ciertos argumentos que esgrimen, o determinados modos de actuar, quizás sí logren establecer cierto grado de empatía con el receptor, aunque su cometido no vaya en esa dirección.

El lenguaje empleado en las intervenciones orales de los protagonistas podríamos definirlo como corriente y normativo, si bien plagado de interjecciones groseras y palabros. En principio, pensé en utilizar una lengua cheli, quinqui, incluso transcribir la expresión fonética tal cual... Pero lo desestimé en atención a dos cuestiones:

1. No coartar la libertad de director escénico y actores, así como del lector, en el momento de elegir aquello que les parezca más oportuno y convincente.
2. Hay personas de carne y hueso que comparten muchas de las características de nuestros personajes y que, como ellos, utilizan el lenguaje con corrección, dentro de su singularidad, sin recurrir a jergas, aunque sí a abundantes tacos y groserías. En distinción respecto al chorizo típico, iletrado si no analfabeto, que al hablar se come letras, pronuncia mal y pega patadas al diccionario, existen otros que poseen cierta inquietud intelectual y que se expresan con bastante propiedad, insisto, siempre desde su particularidad. Y no resulta insólito. Como me consta esta realidad, preferí sujetarme a ella y no tirar de topicazo, con todo lo eficaz que este pueda llegar a ser.

Una última precisión, dedicada sobre todo a aquellos –en caso de existir– que estén familiarizados con los textos teatrales que escribo: para la presente ocasión he recuperado dos pulgas propias, extraídas de otros tantos espectáculos. Creo que encajan, aportan y transmiten lo que buscaba; por ello decidí incluirlas, tras leves modificaciones, en lugar de idear alternativas .

Y nada más. He disfrutado bastante durante la elaboración de esta obra, cosa rara. Idear, pensar, desarrollar, probar, encontrar detalles, recordar o inventar expresiones y frases... Ha sido un proceso muy entretenido, agradable y divertido. Ojalá pueda transmitir todo ello al lector o espectador, aun de forma parcial. En todo caso, quien se aproxime a compartir las andanzas, inquietudes y barbaridades de estos dos granujas, cuenta con mi agradecimiento por su atención, su interés, su tiempo y, tal vez, parte de su pecunio.

Adelardo Méndez Moya.

Esta primera edición de *no me dejes así*,
de Adelardo Méndez, terminó de imprimirse
en diciembre de dos mil veinticinco,
en Madrid.